bimby

TM6

Bimby®
pasticciere

Torte, dolci al cucchiaio,
creme e caramello

bimby

Da oggi Bimby® è anche pasticciere!

Fin dalla sua introduzione in Europa ad opera degli arabi, intorno all'anno Mille, lo zucchero pervade tutte le pietanze, dalle carni ai pesci, alle preparazioni agrodolci, alla pasta insaporita con spezie dolci e piccanti, sino ad arrivare alle minestre! Ma è nella realizzazione di torte, pasticcini, creme e quanto di più goloso al mondo esista, che lo zucchero dà il meglio di sé: poiché è proprio quel piccolo sfizio che ci si concede che dà piacere e gioia.

Basta anche solo una pralina accanto al caffè, una crema al cucchiaio, un filo di caramello su una pallina di gelato alla vaniglia per portare in tavola una nuvola di magia o per riconciliarsi con una giornata sbagliata. Comfort food per eccellenza, per il dolce si lascia sempre uno spazietto, anche al termine del pasto più luculliano!

Proprio per appagare questa voglia di dolce (dalla più semplice alla più elaborata), Bimby® ha messo a punto la Modalità Addensare che permette di ottenere con un semplice gesto quel "qualcosa di buono" che chiude il pasto, mettendo tutti d'accordo e, per i più golosi, Caramello, per arricchire una preparazione. Una crema liscia e impeccabile per farcire un semplice pan di Spagna, un tiramisù in pochi gesti, una mousse senza errori da servire al momento o un caramello da realizzare in poche semplici mosse: oggi con Bimby® TM6 è sufficiente mettere gli ingredienti nel boccale e seguire la Modalità Guidata. Non resta che girare la manopola per vedere all'opera Bimby® pasticciere! Il volume che hai tra le mani è il quarto di una collana dedicata al racconto di Bimby® TM6 e dei suoi "Super poteri", le Modalità, ossia azioni che Bimby® svolge in automatico, al tuo posto. Sarà la tua guida ai grandi classici: sfoglialo e magari mettiti all'opera partendo dai più semplici per poi inoltrarti in preparazioni più sfidanti, seguendo le videoricette attraverso i QR code, oppure, se già hai la passione per la pasticceria, seleziona tante altre ricette su Cookidoo® e goditi quel momento di pura soddisfazione in cui arriverai a tavola con il tuo capolavoro! Da adesso in poi, il dessert lo porta... Bimby®!

Lucio Trocino

Direttore commerciale Bimby® Italia

Tutto nel tuo Bimby® TM6

I suoi super poteri: le Modalità

Bimby® TM6 propone infinite possibilità in cucina, senza pensieri grazie alle Modalità: azioni che Bimby® svolge in automatico, accessibili con un touch.

Scopri la nuova Modalità ADDENSARE e CARAMELLO!

Salse, dolci o salate, cremose e perfettamente addensate in un solo gesto e filante caramello. Metti tutti gli ingredienti nel tuo Bimby® e segui la Modalità Guidata. Ruota la manopola e il gioco è fatto! Avrai deliziose salse e soffici creme per arricchire i tuoi piatti e croccante caramello per rendere più golosi i tuoi dolci.

Accedi a Cookidoo®

Con Cookidoo® hai accesso a oltre 55.000 ricette testate provenienti da tutto il mondo e a tante nuove ricette aggiunte ogni settimana, per sbizzarrirti e rendere sempre diversi i tuoi pasti! Cercale sul display del tuo Bimby® TM6 e realizzale in Modalità Guidata

Ispirazione

Lasciati ispirare da Cookidoo®, il portale di contenuti Bimby® per un'esperienza ancora più gustosa in cucina

Creatività

Libera la tua immaginazione in cucina realizzando le ricette di Cookidoo® o personalizzale in base a quello che ti piace di più

Organizzazione

Crea le tue collection e le tue liste di ricette per ogni occasione ed evento. Metti in evidenza le ricette che vuoi provare e crea la tua lista della spesa

Scopri tutti i contenuti del Booklet

tanti contenuti digitali

Inquadra il QR code con il tuo cellulare e scopri Video tutorial, Video ricette e connessioni dirette a Cookidoo®

1

Video tutorial

per scoprire TM6 e le caratteristiche
della Modalità Addensare e Caramello

4

Video ricette

per imparare tutti i passaggi

12

Link diretti a Cookidoo®

e alle sue migliaia di ricette e suggerimenti
su abbinamenti e varianti

**Realizza golose ricette scegliendole
tra le tante collection proposte**

Bimby®
TM6

SOMMARIO

INDICE DELLE RICETTE

Tecniche e preparazioni base

Dolci di fine pasto

Dolci e torte della domenica

Golose occasioni

Modalità Addensare

I segreti della pasticceria con Bimby® TM6

Facile con Bimby® TM6

Tutti a scuola di pasticceria con Bimby® TM6: grazie al tuo personale pasticciere, non ti farai mai trovare impreparata!

Con la nuova Modalità Addensare e tantissime ricette al Caramello da eseguire in Modalità Guidata, realizzi golosità al cucchiaio, torte e creme deliziose e filante caramello.

Caramello in Modalità Guidata

Pasticceria con Bimby® TM6 perché...

È SEMPLICISSIMO!

Con la Modalità Addensare, le salse sono cremose e addensate alla perfezione: è sufficiente un gesto per azionare la Modalità e il gioco è fatto! Per il Caramello, ti basta accedere a Cookidoo® ed eseguire la ricetta in Modalità Guidata.

IL RISULTATO È GARANTITO

Si sa, i dolci sono sempre una sfida: a volte una piccola variazione nella temperatura o nella quantità di ingredienti può cambiare il risultato. Grazie alla Modalità Addensare e alle ricette con il Caramello di Bimby® TM6 prepari creme, dolci al cucchiaio, torte e carmello e il risultato sarà garantito!

PESA DI GRAMMO IN GRAMMO

La bilancia integrata è così precisa che ti permette di pesare di grammo in grammo: indispensabile in pasticceria!

È SICURO!

Ci sono preparazioni, come il caramello e alcune creme, che sembrano semplici, ma possono essere insidiose per chi non è pratico. Con Bimby® TM6 lavori in completa sicurezza!

LA TECNICA:

ADDENSARE

Perfette per valorizzare una base di pan di Spagna oppure una frolla o, ancora, golosissime per farcire pasticceria mignon e dolci al cucchiaio come il tiramisù, ma anche da gustare in coppa a fine pasto con della frutta fresca: creme e salse trasformano anche la preparazione più semplice in un capolavoro di pasticceria. E con Bimby® TM6 i vantaggi sono tantissimi!

RISPARMI TEMPO

Bimby® lavora in autonomia: tu devi solo inserire tutti gli ingredienti nel boccale e azionare la Modalità Addensare, il resto lo fa lui mentre tu ti dedichi ad altro.

NON TI PREOCCUPI DELLA COTTURA

Tempo e temperatura di cottura sono preimpostati. Al termine Bimby® si spegnerà da solo. Tu non dovrai preoccuparti più di niente!

Ottieni una salsa liscia e setosa

Un risultato privo di grumi, che non si separa, liscio e setoso: le tue salse non sono mai state così cremose!

CONSIGLI

L'IMPORTANZA DELLE MATERIE PRIME

Ingredienti di qualità ti aiutano a valorizzare al massimo la nuova Modalità Addensare di Bimby® TM6: se possibile, meglio allora scegliere latte fresco pastorizzato intero, uova di Categoria A, vaniglia in bacca, farine del tipo indicato in ricetta e frutta fresca non trattata, in particolare quando serve ricavarne la scorza.

Accessori

- Bimby® TM6
- Boccale
- Farfalla
- Spatola
- Copri Lame

Il tuo Bimby® TM6 addensa ogni crema e prepara il caramello direttamente nel boccale: ti basta inserire tutti gli ingredienti e azionare la Modalità Addensare o Caramello, seguendo la Modalità Guidata. Così non dovrai utilizzare altri utensili o mescolare! Più facile di così?

Bimby® muove il gruppo coltelli in autonomia, controlla e mantiene costante la cottura in base alla quantità e al tipo di ingredienti che inserisci e alla temperatura indicata in ricetta.

Addensare con Bimby® TM6

Quante volte ti sei ritrovata con una crema grumosa, dall'intenso sapore di uova, mal bilanciata, troppo liquida o, al contrario, così densa da sembrare un budino? Tranquilla, capita a tutti! Grazie a Bimby® TM6 e alla sua nuova Modalità Addensare otterrai solo creme e salse lisce e setose. Una novità che ti aiuta tanto nelle preparazioni dolci quanto in quelle salate.

Ma come funziona la Modalità Addensare?

- Metti nel boccale tutti gli ingredienti presenti in ricetta
- Imposta la Modalità Addensare
- Scegli la temperatura: 80°C per le ricette con le uova, 100°C per quelle con gli amidi
- Ruota la manopola e lascia che Bimby® cucini per te!
- Oppure scegli la ricetta che più ti piace su Cookidoo® ed eseguila in Modalità Guidata.

LA TECNICA:
CARAMELLO

Salsa dalla consistenza simile al miele, il caramello è una preparazione a base di zucchero con la quale è possibile realizzare veri e propri capolavori. Amatissimo in pasticceria, è però anche molto temuto. È il risultato della cottura del saccarosio fino al suo punto di fusione e, proprio perché bollente, prepararlo può essere insidioso... ma non con Bimby® TM6!

MODALITÀ GUIDATA

Bimby® TM6 ti assiste in tutte le fasi della preparazione: le ricette con il caramello vengono infatti eseguite solo in Modalità Guidata. Accedi a Cookidoo® e segui le indicazioni sul display per ottenere un risultato perfetto in tutta sicurezza.

ALTA TEMPERATURA

Poiché il caramello altro non è che zucchero fuso, per ottenerlo sono necessarie temperature molto elevate (tra i 156° e i 165°C per quello biondo e fino a 175° C per l'ambrato). Quindi è necessario prestare molta attenzione. Con Bimby® TM6 lo zucchero si scioglie direttamente all'interno del boccale e raggiunge la temperatura necessaria in modo automatico, senza rischio che il composto schizzi all'esterno.

Caramello in tanti modi

Ha una sola base, ma tantissime rese differenti: il caramello è una salsa versatile con la quale è possibile liberare la fantasia.

Innanzitutto può essere **biondo** o **ambrato**. Il primo è delicato e cremoso e si ottiene a temperature più basse, mentre il secondo ha un sapore e un colore più decisi, necessita di temperature più alte (mai oltre il 175°C!) e rimane semiliquido per poco tempo.

Il caramello, poi, può essere **liquido** o **solido**: per ottenere un composto fluido è sufficiente addizionare acqua allo zucchero; al contrario, per quello solido, il saccarosio viene sciolto da solo. Il primo può essere conservato in frigorifero in un barattolo chiuso e rimarrà liquido. Il secondo, invece, va lavorato velocemente perché si solidifica in fretta.

Per rendere la preparazione ancora più cremosa, è possibile aggiungere al caramello della panna fresca o del burro: scopri tutte le ricette su Cookidoo®!

ADDENSARE E CARAMELLO:

TANTE BUONE RAGIONI

Un pasto che si rispetti non può non terminare con qualcosa di dolce. Quando ricevi un invito a casa di amici, se organizzi una cenetta romantica oppure, ancora, se vuoi coccolare i più piccoli, preparare un dessert è davvero una buona idea. La pasticceria infatti invita alla convivialità e mette di buonumore, tanto chi la gusta quanto chi la prepara.

Non potrai più farne a meno perché...

... DÀ SODDISFAZIONE

Mettersi alla prova in cucina è sempre una bella sfida: grazie a Bimby® TM6 la affronti con un valido alleato che ti farà fare un figurone! In pasticceria poi ottenere un ottimo risultato è davvero gratificante: la portata del dolce è sempre la più attesa e tutti le lasciano un posticino!

Insomma, portare in tavola un dessert bello e buono è una **soddisfazione!**

Consigli

Il dolce è una parte irrinunciabile del pasto per molte persone. Si sa, però, che le quantità di zucchero vanno limitate all'interno di un regime alimentare salutare. Ecco allora qualche consiglio per consumare i dolci senza eccessive preoccupazioni:

- Non esagerare con le porzioni: un piccolo assaggio appagherà i tuoi sensi senza appesantirti
- Prediligi la prima parte della giornata per consumare qualcosa di zuccherino: meglio un dolce a colazione oppure al termine del pranzo che la sera
- No ai dessert confezionati: un prodotto fatto in casa da te, ti permette di evitare additivi e conservanti.

... RIUNISCE TUTTI INTORNO A UN TAVOLO

Dopo un aperitivo, un pranzo o una cena, ma anche all'ora della merenda: il momento della torta richiama amici e persone care intorno al tavolo. Assaporare insieme qualcosa di dolce invita a prolungare il tempo trascorso insieme e a **godere un momento di gioia condivisa.**

... FA DIVERTIRE ANCHE I BAMBINI

I piccoli di casa si divertiranno ad aiutarti nella preparazione dei dolci: per loro familiarizzare con gli ingredienti è importante e tu potrai proporgli una valida alternativa alle solite occupazioni. Puoi far loro rompere le uova, versare gli ingredienti nel boccale, ultimare le decorazioni e, naturalmente, assaggiare!

> "La pasticceria invita alla convivialità e mette di buonumore, tanto chi la gusta quanto chi la prepara."

Ingredienti, utensili e tecniche di pasticceria

PASTICCERIA:

CONOSCERE GLI INGREDIENTI

L'ABC della pasticceria parte dai suoi ingredienti di base: dall'unione di farina, uova, latte, burro, zucchero, frutta e cioccolato nascono le delizie di queste pagine. Perché un racconto sul mondo goloso dei dolci non può che cominciare dalle sue materie prime.

DOLCIFICANTI

La pasticceria è fatta di dolcezza e le possibilità di infonderla a una preparazione sono davvero tante. Lo zucchero (o saccarosio) è il re dei dolcificanti e può derivare dalla barbabietola o dalla canna da zucchero. Si trova sotto diverse forme: semolato, il più comune, a grana grossa, media o fine; grezzo, ideale per essere "bruciato" e creare una crosta croccante su una crema catalana. Invece, per particolari esigenze gastronomiche o per rispettare ricette tradizionali, vengono utilizzati altri dolcificanti, come gli sciroppi di glucosio, di malto o d'acero e il fruttosio.

UOVA

Le uova fresche sono di Categoria A e si possono dividere in piccole, medie o grandi a seconda del peso (rispettivamente < di 53 g, tra 53-63 g e tra 63-73 g). In pasticceria spesso si trova indicata la quantità, per questo è utile sapere che ci si riferisce a quelle medie o grandi. I tuorli, ricchi di colore e proteine, sono ottimi agenti leganti, mentre gli albumi servono per donare volume e sofficità una volta montati a neve.

LATTICINI

I grassi rivestono una molteplicità di ruoli importanti nella creazione di un dessert: ammorbidiscono, legano, emulsionano, aggiungono un buon sapore... Per questo latte e derivati, che ne sono ricchi e hanno un valore insostituibile in pasticceria.

Le basi perfette

Farine: le più utilizzate in pasticceria sono quelle di grano tenero, in particolare il tipo 00 e 0. Si possono sperimentare accostamenti e sapori nuovi con alternative come quella integrale, di farro o di avena, ma le farine non sono intercambiabili. Meglio dunque seguire tipologie e dosi suggerite in ricetta.

Amido di mais (maizena) e **fecola di patate**: sono gli ingredienti perfetti per conferire sofficità e leggerezza alle creme: un'aggiunta che assicura tutta un'altra morbidezza alle tue preparazioni!

Lieviti: sono organismi utilissimi in pasticceria: chimico in polvere per torte, con l'aggiunta spesso di vaniglia, di birra o naturale, come la pasta madre, garantirà alveolatura, sofficità ed elasticità ai tuoi dolci lievitati.

PASTICCERIA:

GLI UTENSILI

La pasticceria non è solo fantasia, ma anche precisione. Per questo conoscere e scegliere gli strumenti giusti fa la differenza. E se il tuo Bimby® TM6 è l'alleato perfetto per pesare, dosare, grattugiare, amalgamare, controllare la temperatura, cuocere, montare e impastare, ci sono altri piccoli e indispensabili utensili che è bene avere a portata di mano.

MATTERELLO

Insostituibile per stendere e sfogliare gli impasti solidi, il matterello ha sempre avuto la classica forma cilindrica con o senza manici. A cambiare nel tempo sono stati i materiali con cui è fatto: in legno, marmo, acciaio inox, silicone o plastica antiaderente, ce n'è uno per ogni utilizzo. Resistenti e facili da pulire i primi tre, più leggeri e maneggevoli gli ultimi due, sono tutti degli ottimi strumenti a patto di utilizzarli nel modo giusto: infarina piano da lavoro e matterello, quindi parti ad esercitare una pressione tenendo le mani al centro, poi spostale verso l'esterno e falle ritornare al centro.

TASCA DA PASTICCERIA E BECCUCCI

È alla base della maggior parte delle decorazioni e ti permette di riempire bignè, farcire una crostata o realizzare disegni precisi: con la tasca da pasticceria (o sac à poche), a seconda dei beccucci che utilizzi, potrai ottenere forme e dimensioni diverse: strette e sottili, ampie, a stella, lisce, a fiore...
Insomma ad ogni uso il suo beccuccio!

PENNELLO

Che tu lo scelga in setole naturali o in silicone, il pennello è utilissimo per lucidare le superfici con uova e latte prima della cottura o per ungere teglie e stampi. In più, ti aiuterà a bagnare i dolci con le bagne aromatiche, come nel caso del tiramisù o della zuppa inglese.

STAMPI, TEGLIE E COPPAPASTA

Tra stampi, teglie e coppapasta c'è davvero l'imbarazzo della scelta: in silicone, alluminio o materiale antiaderente puoi scegliere quelli con cui ti trovi meglio. Ciò che proprio non dovrebbe mancare in cucina è una teglia rotonda per crostate, uno stampo da plumcake e stampini in silicone che possono essere comodamente utilizzati sia in forno che in congelatore. Quelli a cerniera poi, con il fondo rimovibile, ti aiuteranno a sformare il dolce con più facilità.

PASTICCERIA:

LE TECNICHE

La pasticceria è questione di gusto, dosaggio attento di ingredienti ed equilibrio dei sapori. Ma può essere anche un vero piacere per gli occhi! Per riuscirci ti vengono in aiuto Bimby® TM6, che rende tutto più facile, e i piccoli trucchi che ti sveliamo in queste pagine.

RIVESTIRE GLI STAMPI

Che tu abbia bisogno di uno stampo dai bordi alti oppure di uno a cerniera, puoi rivestirlo tagliando a misura un disco di carta forno e posandolo sul fondo. Un trucco per farlo più facilmente è bagnare il foglio sotto acqua corrente, strizzarlo e asciugarlo con un canovaccio. In questo modo la carta aderisce meglio allo stampo.

CUOCERE IN BIANCO

La cottura alla cieca (o in bianco) serve per le basi di crostate e torte da farcire, come le Tartellette al curd di lamponi.

Ritaglia dalla carta forno un quadrato più grande dello stampo che hai utilizzato, piegalo in 2 (rettangolo), di nuovo a metà (quadrato), poi in diagonale (triangolo isoscele) e, infine, un'altra volta in diagonale ottenendo una forma simile al triangolo. Livella il bordo rimuovendo la parte appuntita con le forbici, quindi pratica dei piccoli tagli in verticale. Apri il disco e posizionalo sull'impasto. Aggiungi le apposite biglie in ceramica oppure legumi secchi o, ancora, sale grosso, poi cuoci per il tempo e alla temperatura indicati in ricetta.

Decorare a regola d'arte

L'utilizzo della tasca da pasticceria (o sac à poche) richiede una certa manualità, ma seguendo qualche piccolo accorgimento il lavoro sarà più facile.

Per riempire la tasca da pasticceria, infila la bocchetta che vuoi utilizzare all'interno, facendola scivolare sino alla punta. Con un coltello affilato, rimuovi la punta circa all'altezza di ⅓ della lunghezza del beccuccio. Inserisci la tasca in un dosatore o in un contenitore alto e piega i bordi verso l'esterno. Riempila con un cucchiaio, arrotola a spirale la parte vuota e fissala con un elastico per favorire lo spostamento del composto verso la bocchetta.

Un piccolo trucco per ottenere un risultato migliore è ricordarti di esercitare una pressione costante mentre decori!

"Con un dolce buono da mangiare e bello da vedere, fai davvero centro!"

Tecniche e preparazioni di base

TECNICHE E PREPARAZIONI DI BASE

DA DOVE COMINCIARE?

Alla base della pasticceria ci sono tecniche e preparazioni che combinate in modi diversi permettono di dar vita a dolci sempre nuovi e fantasiosi.

Conoscerle, prendervi confidenza e scoprirne i tanti utilizzi sono passi indispensabili (e divertenti!) per chiunque si approcci al mondo dei dolci.

> "È importante conoscere le basi della pasticceria perché esse costituiscono i mattoni con i quali costruire qualsiasi dolce"

Paste frolle, sfoglie e altri impasti

Preparazioni che profumano di semplice bontà e solleticano la mente con i ricordi dell'infanzia: paste frolle, sfoglie e tanti altri impasti sono le basi che usavano nonne e mamme per preparare qualsiasi dolce, dal più semplice per una merenda sana, al più elaborato per una cena importante o per un compleanno.

La **pasta frolla** è la regina degli impasti dolci. Si prepara velocemente: non più di 5 minuti, a cui bisogna aggiungere un po' di riposo. È la preferita di molte pasticciere provette poiché è molto versatile, dato che è utilizzabile come base per fragranti crostate e variegate tartellette. Bisogna solo prestare attenzione a non lavorarla troppo per evitare di scaldarla.

La **pasta sfoglia** ha davvero bisogno di pochi ingredienti: burro e farina sono alla base di questa ricetta che richiede però pazienza e attenzione per essere realizzata. Grazie al tuo Bimby® TM6 puoi riuscire nell'impresa e dare forma a millefoglie e cannoncini.

Il **pan di Spagna** è la base per eccellenza della pasticceria ed è, senza dubbio, tra le più usate. I dolci che si possono realizzare variano dai semplici rotoli farciti fino a torte scenografiche adatte alle grandi occasioni, ma anche gustato in purezza con una leggera spolverizzata di zucchero a velo, renderà la tua colazione più gustosa. Un suggerimento per ottenere un risultato morbido, perfettamente montato e leggero è quello di utilizzare uova a temperatura ambiente anziché fredde.

Scopri su Cookidoo® la collection completa dedicata agli Impasti base della pasticceria.

CREMA CHANTILLY

La chantilly è una delle basi apparentemente più semplici della pasticceria poiché si compone fondamentalmente di un ingrediente: la panna fresca, aromatizzata con zucchero a velo e vaniglia e montata sino ad ottenere un composto arioso. Leggera e delicata, è utilizzata per farcire torte a base di pan di Spagna e bignè, ma è anche l'accompagnamento ideale per una fetta di panettone. Con Bimby® TM6 sarà facile raggiungere la consistenza ottimale!

CREMA PASTICCERA

A base di tuorlo d'uovo, zucchero, latte e farina, la crema pasticcera è il vero must della pasticceria. Si può usare in mille modi: per farcire pan di Spagna, bignè, cannoncini, pasticcini, frolle e i dolci più svariati. Ma è così buona che è un piacere gustarla anche al cucchiaio accompagnata ad esempio con della frutta fresca. Inoltre, è la base dalla quale si parte per preparare altre creme, come la crema Mousseline, montata con il burro o la Chiboust, che unisce al composto di base la meringa o la diplomatica, con l'aggiunta di panna montata.

Caramello liquido e caramello salato

Siamo abituati a pensare al caramello soprattutto come base per un croccante di frutta secca. Ma questa dolcezza a base di zucchero è utilizzata anche per realizzare deliziose salse di accompagnamento. Ad esempio, per una versione classica, ma più liquida, basta addizionare allo zucchero ⅓ di acqua durante la preparazione per rendere il caramello una sfiziosa salsa da aggiungere a panna montata, yogurt, crêpes e budini.

Oppure, per un'alternativa alla quale è davvero difficile resistere, unire al caramello panna e burro, che ne esaltano la dolcezza, e un pizzico di fiocchi di sale, che invece conferiscono un piacevole contrasto. Perfetto per guarnire gelati e pancake!

Ananas al rum a
Cottura Lenta

La leggerezza dell'ananas e la golosità del caramello. Scopri l'abbinamento perfetto su Cookidoo®. Inquadra il QR code con il tuo smartphone.

Caramello liquido

Ricetta eseguibile esclusivamente in Modalità Guidata

INGREDIENTI

- 1090 g di acqua
- 300 g di zucchero
- 1 cucchiaino di succo di limone, spremuto fresco

UTENSILI UTILI

contenitore con chiusura ermetica

5 min 35 min

RICETTA COMPLETA

FACILE

Ricetta completa: Energia 4926 kJ/ 1153 kcal, Carboidrati 293 g, Grassi 0 g, Grassi saturi 0 g, Colesterolo 0 mg, Fibre 0 g, Sodio 120 mg

Preparazione

1. Per garantire il successo della ricetta, gli ingredienti utilizzati devono corrispondere esattamente alla quantità e alla descrizione fornita. La ricetta deve essere preparata immediatamente dopo aver aggiunto lo zucchero e gli altri ingredienti nel boccale.

2. Mettere nel boccale 30 g di acqua, lo zucchero e il succo di limone, impostare **Caramello**, senza il misurino.

3. Aggiungere 60 g di acqua e mescolare: **1 min./vel. 1**. Versare in un contenitore a chiusura ermetica e lasciare raffreddare.

4. Mettere nel boccale 1000 g di acqua e impostare **Pulizia**. Svuotare il boccale.

5. Utilizzare al bisogno.

CONSIGLI

- Utilizzare il caramello liquido per addolcire frutta, torte e gelati.
- Conservare il caramello liquido in un contenitore con chiusura ermetica in un luogo fresco e asciutto per 3-4 settimane.

Pancakes

Un classico della colazione anglosassone con una golosa marcia in più. Inquadra il QR code con il tuo smartphone e scopri su Cookidoo® questa soffice ricetta.

Caramello salato

Ricetta eseguibile esclusivamente in Modalità Guidata

INGREDIENTI

- 250 g di zucchero o 250 g di zucchero grezzo
- 200 g di panna (min. 30% di grassi)
- 1030 g di acqua
- 30 g di burro freddo, in un unico pezzo (6x4x1 cm)
- 1 cucchiaino di succo di limone, spremuto fresco
- 1 cucchiaino di sale
- 50 g di aceto

UTENSILI UTILI

vasetti a chiusura ermetica

10 min 1 h

RICETTA COMPLETA

MEDIO

Ricetta completa: Energia 7874.3 kJ/ 1882 kcal, Proteine 4.4 g, Carboidrati 255.6 g, Grassi 98.3 g, Grassi saturi 61.5 g, Colesterolo 338 mg, Fibre 0 g, Sodio 2405 mg

Preparazione

1. Per garantire il successo della ricetta, gli ingredienti utilizzati devono corrispondere esattamente alla quantità e alla descrizione fornita. La ricetta deve essere preparata immediatamente dopo aver aggiunto lo zucchero e gli altri ingredienti nel boccale.

2. Mettere nel boccale lo zucchero, 70 g di panna, 30 g di acqua, il succo di limone e il burro, impostare **Caramello**, senza misurino.

3. Aggiungere i restanti 130 g di panna e il sale, mescolare: **2 min./vel.** senza misurino, poi cuocere: **3 min./Varoma/vel. 2**. Trasferire in vasetti a chiusura ermetica, fare raffreddare e chiudere con l'apposito tappo.

4. Mettere nel boccale 1000 g di acqua e l'aceto. Impostare: **Pulizia**. Svuotare il boccale.

5. Utilizzare all'occorrenza.

CONSIGLI

- Per un risultato ottimale i 30 g di burro devono essere possibilmente aggiunti in un unico pezzo. Assicurarsi che il pezzo abbia le seguenti dimensioni (6x4x1 cm).
- Il succo di limone evita che lo zucchero cristallizzi e si bruci, lasciando così inalterato il sapore del caramello.
- Utilizzare il caramello salato su gelati alla crema, pancake, cheesecake o come ripieno per dei cioccolatini.
- Conservare il caramello salato per qualche giorno in frigorifero all'interno di un vasetto di vetro con chiusura ermetica.

Fatti e regalati

Un regalo speciale per persone speciali. Inquadra il QR code con il tuo smartphone e scopri su Cookidoo® le tante ricette da donare a chi vuoi bene.

Mandorle sabbiate

Ricetta eseguibile esclusivamente in Modalità Guidata

INGREDIENTI

- 200 g di zucchero
- 200 g di mandorle con la pellicina
- 1100 g di acqua

UTENSILI UTILI

carta forno, caraffa, contenitore a chiusura ermetica

10 min 1 h

RICETTA COMPLETA

MEDIO

Ricetta completa: Energia 8075.1 kJ/ 1930 kcal, Proteine 42.5 g, Carboidrati 239.4 g, Grassi 101.3 g, Grassi saturi 7.8 g, Colesterolo 0 mg, Fibre 23.6 g, Sodio 2 mg

Preparazione

1. Per garantire il successo della ricetta, gli ingredienti utilizzati devono corrispondere esattamente alla quantità e alla descrizione fornita. La ricetta deve essere preparata immediatamente dopo aver aggiunto lo zucchero e gli altri ingredienti nel boccale.

2. Stendere sul piano di lavoro un foglio di carta forno.

3. Mettere nel boccale lo zucchero, le mandorle e 100 g di acqua, impostare **Caramello**, senza misurino.

4. Mescolare: **25-30 sec./ /vel. 2**. Nel frattempo, riempire una caraffa con 1000 g di acqua.

5. Trasferire subito le mandorle sabbiate sopra il foglio di carta forno, stenderle con la spatola e lasciare raffreddare.

6. Mettere nel boccale i 1000 g di acqua preparati e impostare **Pulizia**. Svuotare il boccale.

7. Servire le mandorle sabbiate fredde o conservarle in un contenitore a chiusura ermetica.

CONSIGLI

- Le mandorle sabbiate sono semplici da realizzare e sono un'idea originale da regalare soprattutto per Natale riponendole in un sacchettino o all'interno di un vasetto di vetro, o da servire come sfizioso snack.
- Queste mandorle sono ideali anche come decorazione per delle cupcake o, se inserite all'interno di una torta, saranno la golosa parte croccante.

Torta
Diplomatica

Dalla crema da cui prende il nome, ecco un classico della pasticceria mondiale: la Torta Diplomatica! Guarda la ricetta su Cookidoo®. Inquadra il QR code con il tuo smartphone.

Crema diplomatica

INGREDIENTI

- 500 g di latte intero
- 40 g di farina tipo 00
- 10 g di amido di mais (maizena)
- 100 g di zucchero
- 5 tuorli
- 1 stecca di vaniglia, i semini o 1 bustina di vaniglia in polvere
- 1 pizzico di sale
- 250 g di panna (min. 30% di grassi) fredda

UTENSILI UTILI

pellicola trasparente, ciotola, spatola da pasticceria

10 min 30 min

RICETTA COMPLETA

FACILE

Ricetta completa: Energia 5531.2 kJ/ 1322 kcal, Proteine 19.9 g, Carboidrati 88.3 g, Grassi 101.2 g, Grassi saturi 61.4 g, Colesterolo 542 mg, Fibre 0 g, Sodio 239 mg

Preparazione

1. Mettere nel boccale il latte, la farina 00, l'amido di mais, lo zucchero, i tuorli, i semini di vaniglia e il sale, impostare: **Addensare /100°C**. Trasferire la crema in una ciotola, coprire con pellicola trasparente a contatto e lasciare raffreddare prima di riporre in frigorifero. Lavare e asciugare il boccale.

2. Posizionare la farfalla. Mettere nel boccale la panna e montare a **vel. 3** sino a raggiungere il grado di montatura desiderato (panna montata). **Togliere la farfalla**.

3. Incorporare la panna montata poco per volta alla crema pasticcera fredda con una spatola da pasticceria e con movimenti delicati dal basso verso l'alto.

4. Servire o utilizzare a piacere (vedere consigli).

CONSIGLI

- Ottima come ripieno di un pandoro o servita accompagnata da una fetta di panettone leggermente tiepida, la crema diplomatica (o chantilly all'italiana) è una crema soffice e delicata, alla base della pasticceria, molto versatile, che ben si adatta ad essere servita al cucchiaio insieme a della frutta fresca o cosparsa di granella di frutta secca, ma è l'ideale per farcire crostate, pan di Spagna, bignè, pasticcini di ogni genere, millefoglie e la più famosa Torta diplomatica, che dalla crema prende proprio il nome.

Paris Brest

Una crema soffice per il più conosciuto dolce d'Oltralpe. Porta in tavola il Paris Brest presente su Cookidoo® per stupire i tuoi ospiti. Inquadra il QR code con il tuo smartphone.

Crema mousseline

INGREDIENTI
- 500 g di latte intero
- 4 tuorli
- 100 g di zucchero (vedere consigli)
- 1 stecca di vaniglia, i semini
- 50 g di amido di mais (maizena)
- 250 g di burro a tocchetti a temperatura ambiente

UTENSILI UTILI
pellicola trasparente, ciotola

5 min 1 h

RICETTA COMPLETA

FACILE

Ricetta completa: Energia 9916.1 kJ/ 2370 kcal, Proteine 34.9 g, Carboidrati 150.8 g, Grassi 185.4 g, Grassi saturi 112.9 g, Colesterolo 1023 mg, Fibre 0 g, Sodio 412 mg

Preparazione

1. Mettere nel boccale il latte, i tuorli, lo zucchero, i semini di vaniglia e l'amido di mais, impostare **Addensare /100°C**. Fare intiepidire all'interno del boccale per 10 minuti.

2. Aggiungere 125 g di burro e amalgamare: **2 min./vel. 4**. Trasferire la crema in una ciotola e coprire con pellicola trasparente a contatto. Lasciare raffreddare a temperatura ambiente. Pulire il boccale.

3. Posizionare la farfalla. Mettere nel boccale la crema e montare: **1 min./vel. 4**, aggiungendo dal foro del coperchio i restanti 125 g di burro. **Togliere la farfalla**.

4. Servire o utilizzare la crema mousseline come richiesto dalla preparazione (vedere consigli).

CONSIGLI
- Se si desidera una crema più dolce, aumentare a piacere la quantità di zucchero al passaggio 1 sino ad un massimo di 50 g.
- La crema mousseline è alla base della pasticceria francese. Morbida, soffice e stabile, è la crema ideale per farcire torte a strati, tartellette alla frutta e il tradizionale Paris Brèst.
- Per una versione più leggera, ridurre la quantità di burro a 100-150 g.

Inquadra il QR code e guarda la video ricetta

Crema chiboust

INGREDIENTI

Crema pasticcera:

- 500 g di latte intero
- 5 tuorli
- 100 g di zucchero
- 10 g di amido di mais (maizena)
- 40 g di farina tipo 00
- 1000 g di acqua

Meringa

- 140 g di zucchero
- 120 g di albumi
- 1 pizzico di sale

UTENSILI UTILI

contenitore di plastica, ciotola, pellicola trasparente, spatola da pasticceria

5 min 1 h

RICETTA COMPLETA

FACILE

Ricetta completa: Energia 6443.4 kJ/ 1540 kcal, Proteine 46.3 g, Carboidrati 291.5 g, Grassi 23.4 g, Grassi saturi 10.2 g, Colesterolo 593 mg, Fibre 0 g, Sodio 589 mg

Preparazione

Crema pasticcera

1. Mettere nel boccale il latte, le uova, lo zucchero, l'amido di mais e la farina 00, impostare **Addensare /100°C**. Nel frattempo, riempire un contenitore con dell'acqua fredda e del ghiaccio. Trasferire la crema in una ciotola e coprire con pellicola trasparente a contatto. Sistemare la ciotola nel contenitore con l'acqua e il ghiaccio e lasciare raffreddare. Nel frattempo, pulire il boccale.

2. Mettere nel boccale 1000 g di acqua e impostare **Pulizia**. Svuotare, sciacquare e asciugare bene il boccale.

Meringa

3. Mettere nel boccale lo zucchero e polverizzare: **20 sec./vel. 10**. Riunire sul fondo con la spatola.

4. Aggiungere gli albumi e il sale, scaldare: **4 min./70°C/vel. 2**.

5. Posizionare la farfalla e montare: **5 min./vel. 3.5** senza il misurino. **Togliere la farfalla**.

Terminare la preparazione

6. Una volta fredda, unire la meringa alla crema pasticcera con una spatola da pasticceria, incorporandola delicatamente con movimenti dal basso verso l'alto.

7. Servire o utilizzare la crema chiboust come richiesto dalla preparazione (vedere consigli).

CONSIGLI

- Detta anche "Crema Saint Honoré" poiché è la crema per eccellenza utilizzata per realizzare questo fantastico dolce, la Crema chiboust è molto versatile. È ideale per farcire un classico pan di Spagna, dei bignè o per rendere golosa una millefoglie o una crostata di frutta. Per uno sfizioso fine pasto, preparare la chiboust da servire come dessert al cucchiaio accompagnata con della frutta fresca o semplicemente a delle lingue di gatto.

Dolci di fine pasto

DOLCI DI FINE PASTO

CONCLUDERE IN DOLCEZZA

Non terminare il pasto con un dessert è davvero un peccato! E non è necessario preparare grandi torte scenografiche per soddisfare la voglia di dolce dei nostri ospiti. Anzi, proprio nelle occasioni quotidiane, scegliere la semplicità per rallegrare la tavola può essere un'idea vincente!

> "Un dolce semplice e leggero per concludere il pasto in bellezza"

Spunti semplici ma golosi

Un dolce al cucchiaio, una mousse o una crema che permette agli ospiti di scegliere la propria porzione o un dessert caldo e liquoroso come il Bombardino (soprattutto nelle giornate più fredde), sono lo stimolo a rimanere ancora tutti insieme attorno al tavolo.

Quindi, che sia una cena con gli amici, un pranzo di famiglia, un romantico tête-à-tête o anche semplicemente da soli, ecco qualche spunto per portare in tavola il tocco di dolcezza giusto, senza appesantire.

Da gustare al cucchiaio

I dolci al cucchiaio per versatilità, piccole porzioni, leggerezza e facilità di preparazione sono l'ideale da gustare al termine di un pranzo o di una cena oppure da servire per una merenda sfiziosa.

Le possibilità sono tante: dai grandi classici come il Crème caramel che diventano facilissimi grazie al tuo Bimby®, alle mousse morbide e cremose, veloci da preparare e servire, fino ai dolci a base di frutta, che sono leggeri e piacevoli anche dopo un lauto pasto.

Le Pesche sottovuoto con crema alle nocciole e le Pere al vino con crema inglese sono la versione contemporanea (e assolutamente invitante!) dei dolci della nonna.

DA REGALARE

Se poi vuoi fare un regalo ai tuoi ospiti o sei a cena da amici e non sai cosa portare, puoi optare per le Tortine al limone: gusci di pasta frolla ripieni di crema pasticcera ai pinoli che rimangono fragranti e deliziosi anche il giorno dopo. Incartate singolarmente, magari personalizzandole con il nome, le tortine diventano dei segnaposto tutti da gustare!

PER LASCIARSI STUZZICARE

Se, invece, quello che hai programmato per il dopo cena è un bel film da vedere in compagnia, puoi lasciarti stuzzicare da un tocco di dolcezza da sgranocchiare: i Pop corn al caramello sono lo snack di cui non potrai più fare a meno!

CONSIGLI

- Il caramello si conserva per 3-4 settimane a temperatura ambiente in un luogo fresco e asciutto.
- Utilizzare il caramello liquido anche per arricchire della frutta fresca o per rendere più dolci altre preparazioni, come torte o gelati.
- Per sformare la crème caramel, aiutarsi con un piccolo coltello affilato facendola scorrere sul bordo e capovolgere la preparazione su un piatto da portata.

Budini

Il dolce al cucchiaio per eccellenza. Una piccola coccola da gustare da soli o in compagnia. Inquadra il QR code con il tuo smartphone e scopri le gustose proposte di Cookidoo®.

Crème caramel

Ricetta eseguibile esclusivamente in Modalità Guidata

INGREDIENTI

Caramello liquido

- 1090 g di acqua
- 300 g di zucchero
- 1 cucchiaino di succo di limone, spremuto fresco

Crème caramel

- 120 g di zucchero
- 500 g di latte intero
- 4 uova

UTENSILI UTILI

cocotte in ceramica resistenti al calore, contenitore a chiusura ermetica, placca del forno, carta forno, piattini da dessert

10 min 4 h

6 **PORZIONI**

MEDIA

Per porzione: Energia 2055.7 kJ/ 491.3 kcal, Proteine 6.4 g, Carboidrati 108.1 g, Grassi 4.5 g, Grassi saturi 1.9 g, Colesterolo 129.8 mg, Fibre 0 g, Sodio 75.1 mg

Preparazione

Caramello liquido

1. Per garantire il successo della ricetta, gli ingredienti utilizzati devono corrispondere esattamente alla quantità e alla descrizione fornita. La ricetta deve essere preparata immediatamente dopo aver aggiunto lo zucchero e gli altri ingredienti nel boccale.

2. Mettere nel boccale 30 g di acqua, lo zucchero e il succo di limone, impostare **Caramello**, senza il misurino.

3. Aggiungere 60 g di acqua e mescolare: **1 min./vel. 1**. Versare 2 cucchiai di caramello liquido all'interno di 6 stampini di ceramica resistenti al calore. Trasferire il restante caramello in un contenitore a chiusura ermetica e utilizzare al bisogno (vedere consigli).

4. Mettere nel boccale 1000 g di acqua e impostare **Pulizia**. Lavare e asciugare il boccale.

Crème caramel

5. Preriscaldare il forno a 140°C. Rivestire la placca del forno con carta forno.

6. Mettere nel boccale lo zucchero e polverizzare: **15 sec./vel. 10**. Riunire sul fondo con la spatola.

7. Aggiungere il latte e le uova, mescolare: **10 sec./vel. 4**.

8. Distribuire la crema all'interno dei 6 stampini preparati e disporli sulla della placca del forno. Posizionare la placca nel ripiano centrale del forno e versare dell'acqua calda nella placca fino a raggiungere i ¾ dell'altezza degli stampini.

9. Cuocere a bagnomaria in forno caldo per 1 ora e 20 minuti (140°C). Togliere con attenzione la placca dal forno.

10. Lasciare raffreddare a temperatura ambiente per 1 ora. Asciugare gli stampini, trasferirli in frigorifero e lasciare rassodare per un'altra ora.

11. Rovesciare ogni crème caramel sui piattini da dessert e sformare delicatamente (vedere consigli).

12. Servire subito.

Creme

Piccole e versatili, queste tortine ben si prestano ad essere riempite con tante golose creme.
Scegli il gusto che preferisci tra le proposte di Cookidoo®. Inquadra il QR code con il tuo smartphone.

Tortine al limone

INGREDIENTI

Pasta frolla

- 130 g di zucchero
- 300 g di farina tipo 00
- 150 g di burro morbido a pezzi
- 1 uovo
- 1 bustina di lievito in polvere per dolci

Crema pasticcera ai pinoli

- 2 limoni, la scorza (senza la parte bianca)
- 100 g di zucchero
- 30 g di farina tipo 00
- 10 g di amido di mais (maizena)
- 500 g di latte intero
- 5 tuorli
- 1 stecca di vaniglia, i semini
- 50 g di pinoli

Terminare la preparazione

- zucchero a velo, a piacere

UTENSILI UTILI

pellicola trasparente, ciotola, padellino antiaderente, stampini per crostatine (Ø 8 cm), matterello, coppapasta, cucchiaio, vassoio

30 min 2 h

8 **PEZZI**

MEDIO

Per pezzo: Energia 2806.2 kJ/ 670.7 kcal, Proteine 12.2 g, Carboidrati 89.8 g, Grassi 30.4 g, Grassi saturi 14.9 g, Colesterolo 152.5 mg, Fibre 0.6 g, Sodio 68 mg

Preparazione

Pasta frolla

1. Mettere nel boccale lo zucchero e polverizzare: **10 sec./vel. 10**. Riunire sul fondo con la spatola.

2. Aggiungere la farina 00, il burro, l'uovo e il lievito, impostare **Frullare /15 sec.**. Trasferire l'impasto sul piano da lavoro, compattare e schiacciarlo leggermente con le mani. Avvolgere l'impasto nella pellicola trasparente e lasciare riposare in frigorifero per circa 1 ora. Nel frattempo, pulire il boccale e preparare la crema pasticcera.

Crema pasticcera ai pinoli

3. Mettere nel boccale la scorza di limone e 20 g di zucchero, tritare: **5 sec./vel. 8**. Riunire sul fondo con la spatola.

4. Aggiungere 80 g di zucchero, la farina 00, l'amido di mais, il latte, i tuorli e i semini di vaniglia, impostare **Addensare /100°C**. Trasferire in una ciotola, coprire con pellicola trasparente a contatto e lasciare raffreddare a temperatura ambiente. Nel frattempo, in un padellino, tostare i pinoli e far raffreddare. Una volta fredda, unire alla crema i pinoli tostati e amalgamare.

Terminare la preparazione

5. Preriscaldare il forno a 180°C. Imburrare e infarinare 8 stampini per crostatine (Ø 8 cm) e tenere da parte.

6. Riprendere la frolla, togliere la pellicola trasparente e sistemarla sul piano di lavoro leggermente infarinato. Con l'aiuto di un matterello, stendere la pasta frolla in una sfoglia sottile (circa 5 mm).
Con 2 coppapasta (uno Ø 10 cm e l'altro Ø 8 cm) ricavare 6 dischi di Ø 10 cm e 6 dischi di Ø 8 cm.

7. Foderare gli stampini per crostatine preparati con i dischi più grandi e riempire le tortine con la crema pasticcera ai pinoli. Distribuire sui dischi più piccoli alcuni pinoli, schiacciandoli leggermente con il dorso di un cucchiaio. Sistemare i dischi sopra la crema e chiudere le tortine sigillando bene i bordi.

8. Cuocere in forno caldo per circa 30 minuti (180°C) o sino a che la superficie sarà dorata. Togliere con attenzione dal forno e far raffreddare le tortine prima di sformarle.

9. Sistemare le tortine su un vassoio e spolverizzare a piacere con zucchero a velo.

10. Servire.

Gelato alla vaniglia

Le pesche tiepide e la cremosità del gelato freddo. Inquadra il QR code con il tuo smartphone e scopri su Cookidoo® questo piacevole contrasto.

Pesche sottovuoto con crema alle nocciole

INGREDIENTI

Crema alle nocciole

- 100 g di zucchero
- 10 g di amido di mais (maizena)
- 150 g di nocciole tostate
- 300 g di latte intero
- 2 uova
- 10 g di farina tipo 00
- 100 g di cioccolato al latte a pezzi (1 cm)
- 1000 g di acqua

Pesche sottovuoto

- 100 g di zucchero
- ½ stecca di vaniglia, i semini
- 4 pesche nettarine a metà
- 1500 g di acqua
- 30 g di succo di limone
- amaretti duri, a piacere

UTENSILI UTILI

pellicola trasparente, ciotola, sacchetti per sottovuoto, ciotola capiente, macchina sottovuoto per alimenti, Copri Lame, pinza da cucina, piattini da dessert

10 min 2 h

4 **PORZIONI**

MEDIO

Per porzione: Energia 2873.6 kJ/ 686.8 kcal, Proteine 13.6 g, Carboidrati 87.9 g, Grassi 34.1 g, Grassi saturi 7.7 g, Colesterolo 98.3 mg, Fibre 5.6 g, Sodio 61.5 mg

Preparazione

Crema alle nocciole

1. Mettere nel boccale lo zucchero, l'amido di mais e le nocciole, polverizzare: **10 sec./vel. 10**. Riunire sul fondo con la spatola.

2. Polverizzare ancora: **10 sec./vel. 10**. Riunire sul fondo con la spatola.

3. Aggiungere il latte, le uova e la farina 00, impostare **Addensare /100°C**.

4. Unire il cioccolato e mescolare: **30 sec./vel. 6**. Trasferire la crema alle nocciole in una ciotola, coprire con pellicola trasparente a contatto e fare raffreddare completamente a temperatura ambiente. Nel frattempo, pulire il boccale e procedere con la ricetta.

5. Mettere nel boccale 1000 g di acqua e impostare **Pulizia**. Svuotare il boccale.

Pesche sottovuoto

6. Appoggiare una ciotola capiente sul coperchio del boccale. Pesare al suo interno lo zucchero, aggiungere i semini di vaniglia e mescolare bene. Unire le pesche e amalgamare sino a che saranno ricoperte completamente dalla mistura. Prendere 2 sacchetti per sottovuoto e inserire in ciascuno 4 mezze pesche, una a fianco all'altra, poi sigillare con l'apposita macchina.

7. Posizionare il Copri Lame. Mettere nel boccale 1500 g di acqua e il succo di limone, impostare **Bollitore /80°C**.

8. Con una pinza da cucina, sistemare nel boccale i sacchetti con le pesche, assicurandosi che siano completamente ricoperti dall'acqua. Impostare **Sottovuoto /1 h 30 min./80°C**. Togliere **con attenzione** i sacchetti dal boccale, aiutandosi sempre con la pinza da cucina.

9. Aprire i sacchetti, tagliare le pesche a fette e sistemarle nei piattini da dessert.

10. Servire accompagnando le pesche con la crema alle nocciole e, a piacere, sbriciolando qualche amaretto.

CONSIGLI

- Per completare e rendere più golose le pesche, servirle tiepide insieme a del gelato alla vaniglia o allo zabaione.

Inquadra il QR code e guarda la video ricetta

Pere al vino con crema inglese

INGREDIENTI

Crema inglese

- 300 g di latte intero
- 4 tuorli
- 50 g di zucchero
- 1 stecca di vaniglia, i semini

Pere al vino

- 750 g di vino rosso
- 100 g di vino Porto o 100 g di acqua
- 250 g di acqua
- 350 g di zucchero
- 2 stecche di cannella
- 2 bacche di anice stellato
- 2 pezzi di scorza di arancia (1x3 cm circa)
- 4 pere Kaiser o coscia (circa 180 g l'una), sbucciate

UTENSILI UTILI

ciotola, pellicola trasparente, mestolo forato, Copri Lame

10 min 4 h 30 min

4 **PORZIONI**

MEDIO

Per porzione: Energia 2859.8 kJ/ 683.5 kcal, Proteine 3.4 g, Carboidrati 134.1 g, Grassi 2 g, Grassi saturi 1 g, Colesterolo 17.5 mg, Fibre 5.2 g, Sodio 40.5 mg

Preparazione

Crema inglese

1. Mettere nel boccale il latte, i tuorli, lo zucchero e i semini di vaniglia, impostare **Addensare /80°C**. Trasferire in una ciotola, coprire con pellicola trasparente a contatto e lasciare raffreddare prima di riporre in frigorifero. Nel frattempo, lavare e asciugare il boccale e preparare le pere al vino.

Pere al vino

2. Mettere nel boccale il vino rosso, il Porto, l'acqua, lo zucchero, la cannella, l'anice stellato e la scorza di arancia, scaldare: **10 min./110°C/vel. 1**, con il cestello al posto del misurino. Trasferire in una ciotola e tenere da parte.

3. Posizionare il Copri Lame. Mettere nel boccale le pere e il vino aromatizzato, impostare **Cottura lenta /4 h/90°C**. Togliere le pere dal boccale con l'aiuto di un mestolo forato. Svuotare il boccale e **rimuovere il Copri Lame**.

Terminare la preparazione

4. Servire le pere tiepide irrorando con la crema inglese.

CONSIGLI

- Le Pere al vino rosso con crema inglese sono un dolce elegante che ben si accompagna con un gelato alla crema.
- La crema inglese è una preparazione dolce e morbida ottima da servire con della frutta tiepida, oppure con un crumble di frutta o con alcuni dolci della pasticceria secca tradizionale come la Sbriciolona. Leggermente tiepida, ben si sposa anche per accompagnare freschi gelati a base di crema.

Pistacchio

Re della frutta secca, il pistacchio è alla base di tantissime preparazioni dolci e salate.
Inquadra il QR code con il tuo smartphone e scopri le tante ricette proposte su Cookidoo®.

Mousse al pistacchio

INGREDIENTI

- 200 g di biscotti secchi a metà
- 80 g di burro morbido a pezzi

Mousse al pistacchio

- 500 g di latte intero
- 5 tuorli
- 100 g di zucchero
- 1 stecca di vaniglia, i semini o ½ cucchiaino di estratto di vaniglia naturale
- 40 g di farina tipo 00
- 10 g di amido di mais (maizena)
- 8 g di gelatina in fogli, ammollata in acqua fredda e strizzata
- 100 g di pasta di pistacchio (vedere consigli)
- 200 g di panna (min. 30% di grassi), fredda

Terminare la preparazione

- pistacchi al naturale, sgusciati e spellati in granella a piacere

UTENSILI UTILI

bicchierini, cucchiaio, ciotola, pellicola trasparente, spatola da pasticceria

30 min 3 h

6 **PORZIONI**

FACILE

Per porzione: Energia 2506.9 kJ/ 599.2 kcal, Proteine 9.9 g, Carboidrati 52.2 g, Grassi 31.7 g, Grassi saturi 18.9 g, Colesterolo 210.7 mg, Fibre 1.4 g, Sodio 164.5 mg

Preparazione

1. Mettere nel boccale i biscotti e tritare: **10 sec./vel. 6**.
Riunire sul fondo con la spatola.

2. Aggiungere il burro e amalgamare: **2 min./50°C/vel. 3.5**.
Distribuire il composto sul fondo di 6 bicchierini e formare la base aiutandosi con il dorso di un cucchiaio. Riporre i bicchierini in frigorifero. Pulire il boccale e preparare la mousse al pistacchio.

Mousse al pistacchio

3. Mettere nel boccale il latte, i tuorli, lo zucchero, i semini di vaniglia, l la farina 00 e l'amido di mais, impostare **Addensare /100°C**.

4. Aggiungere la gelatina e mescolare: **30 sec./vel. 3**.

5. Unire la crema al pistacchio e amalgamare: **30 sec./vel. 3**.
Trasferire la crema pasticcera al pistacchio in una ciotola, coprire con pellicola trasparente a contatto e lasciare raffreddare.
Lavare e asciugare il boccale.

6. Posizionare la farfalla. Mettere nel boccale la panna e montare a **vel. 3** sino al grado di montatura desiderato (panna semi-montata).
Togliere la farfalla. Con una spatola da pasticceria, incorporare delicatamente la panna semi-montata alla crema pasticcera al pistacchio fredda, con movimenti dal basso verso l'alto.

7. Riprendere i bicchierini e riempirli con la mousse al pistacchio.
Coprire i bicchierini con pellicola trasparente e riporre in frigorifero per almeno 2 ore.

Terminare la preparazione

8. Riprendere i bicchierini e togliere la pellicola trasparente.
Decorare la mousse con della granella di pistacchi e servire.

CONSIGLI

- Per la crema pasticcera è importante utilizzare latte intero. Se si utilizza del latte scremato è consigliabile aumentare i tempi di cottura.
- Se non si trova la pasta di pistacchio, è possibile realizzarla con Bimby®.
  Mettere nel boccale 100 g di pistacchi al naturale, non salati e spellati e 50 g di zucchero, frullare: **20 sec./vel. 8**. Riunire sul fondo con la spatola.
  Unire 30 g di olio di semi di arachidi e frullare: **10 sec./vel. 5**.
  Trasferire la pasta di pistacchio in una ciotola, avvolgere con la pellicola trasparente e riporre in frigorifero. La pasta di pistacchio si conserva in frigorifero sino a 10/15 giorni.

Irish Coffee

Per affrontare l'inverno, cosa c'è di meglio di una bevanda che riscaldi il cuore? Inquadra il QR code con il tuo smartphone e scopri su Cookidoo® l'Irish Coffee, il cugino irlandese dell'italiano bombardino.

Bombardino

INGREDIENTI

Panna montata

- 250 g di panna (min. 30% di grassi) fredda

Zabaione

- 60 g di Marsala
- 60 g di vino bianco
- 6 tuorli
- 120 g di zucchero
- 70 g di brandy
- cioccolato fondente, in scaglie

UTENSILI UTILI

tasca da pasticceria e beccucci

10 min 30 min

7 **PORZIONI**

FACILE

Per porzione: Energia 1570.3 kJ/ 375.3 kcal, Proteine 3.7 g, Carboidrati 22.3 g, Grassi 23 g, Grassi saturi 13.1 g, Colesterolo 278.3 mg, Fibre 0 g, Sodio 199.8 mg

Preparazione

Panna montata

1. Posizionare la farfalla. Mettere nel boccale la panna e montare a **vel. 3**, fino a raggiungere il grado di montatura desiderato (panna montata). **Togliere la farfalla** e trasferire in una tasca da pasticceria con bocchetta a stella. Riporre in frigorifero fino al momento di utilizzare. Lavare e asciugare il boccale e la farfalla.

Zabaione

2. Posizionare la farfalla. Mettere nel boccale il Marsala, il vino bianco, i tuorli e lo zucchero, impostare **Addensare /80°C**. **Togliere la farfalla**.

3. Aggiungere il brandy e mescolare: **30 sec./vel. 1**.

4. Versare il bombardino in bicchierini alti e servire decorando con la panna montata e scaglie di cioccolato.

CURIOSITÀ

- Cioccolata calda, vin brûlé o bombardino? Gli abitanti delle regioni dell'arco alpino, dopo una giornata sulle piste da sci o semplicemente per riscaldarsi seduti davanti ad un camino acceso in baita, consiglieranno sicuramente il bombardino. La famosa bevanda calda a base di zabaione, Brandy e panna, può essere considerato l'Irish Coffee italiano. Nacque a Livigno negli anni Settanta, quando a gestire il rifugio del Mottolino arrivò un giovane genovese, non molto abituato al rigido inverno montano, il quale inventò una bevanda calda a base di latte, whisky e zabaione ideale per affrontare il freddo. Legenda narra che il primo fortunato assaggiatore abbia esclamato: "Accidenti! È una bombarda!", esclamazione da cui sarebbe nato il nome attuale. La ricetta ha subito nel corso del tempo delle modifiche (ad es. il latte è stato sostituito dalla panna), ma sono rimasti invariati i 2 cardini fondamentali: lo zabaione caldo e la gradazione alcolica (fino a 30% vol.).

Serata
tra amici

Per concludere in dolcezza una serata tra amici davanti alla TV. Inquadra il QR code con il tuo smartphone e guarda su Cookidoo® cosa preparare per una cena in compagnia.

Pop corn al caramello

Ricetta eseguibile esclusivamente in Modalità Guidata

INGREDIENTI

- 300 g di zucchero
- 1080 g di acqua
- 20 g di miele
- 100 g di semi di mais per popcorn
- 6 cucchiai di olio di semi di girasole
- 1 cucchiaino di bicarbonato di sodio
- 15 g di aceto

UTENSILI UTILI

padella antiaderente, ciotola capiente, placca del forno, carta forno, contenitore a chiusura ermetica

25 min 1 h

8 **PORZIONI**

MEDIO

Per porzione: Energia 1128 kJ/ 269 kcal, Proteine 1 g, Carboidrati 47 g, Grassi 1.2 g, Grassi saturi 1.1 g, Colesterolo 0 mg, Fibre 1.2 g, Sodio 314.6 mg

Preparazione

1. Per garantire il successo della ricetta, gli ingredienti utilizzati devono corrispondere esattamente alla quantità e alla descrizione fornita. La ricetta deve essere preparata immediatamente dopo aver aggiunto lo zucchero e gli altri ingredienti nel boccale.

2. Mettere nel boccale lo zucchero, 80 g di acqua e il miele, impostare **Caramello** senza misurino. Nel frattempo, preparare i pop corn. Scaldare in una padella antiaderente l'olio di girasole e preparare i pop corn come indicato sulla confezione. Trasferire i pop corn in una ciotola capiente e tenere da parte.

3. Aggiungere nel boccale il bicarbonato e amalgamare delicatamente con la spatola. Versare subito il caramello sopra i pop corn e amalgamare con la spatola.

4. Rivestire la placca del forno con carta forno e trasferirvi i pop corn caramellati, distribuendoli su tutta la superficie ed eliminando i chicchi di mais rimasti intatti.

5. Mettere nel boccale 1000 g di acqua e l'aceto, impostare **Pulizia**.

6. Lasciare raffreddare completamente i pop corn prima di servirli oppure conservarli in un contenitore a chiusura ermetica in un luogo fresco e asciutto.

CONSIGLI

- I pop corn caramellati sono uno snack sfizioso amato da grandi e piccini, da sgranocchiare davanti alla TV mentre si guarda un bel film, oppure da preparare per le feste di compleanno dei più piccoli per una golosa alternativa da far trovare all'interno dei sacchetti tipici del cinema, per una festa a tema.

Dolci e torte della domenica

DOLCI E TORTE DELLA DOMENICA

SAPORI DI CASA

È soprattutto durante la domenica che i riti quotidiani si trasformano in momenti di allegria e condivisione. Nel grande silenzio della casa, fin dalle prime ore della mattina, il tempo è scandito dai suoni e dai profumi della cucina: il tintinnare delle posate e l'aroma inebriante del pranzo anticipano il piacere dello stare insieme, raccolti intorno al tavolo.

> “Il tempo, di domenica, trascorre scandito dai suoni e dai profumi della cucina”

Dolci di famiglia

Persino apparecchiare la tavola diventa un'occasione per chiacchierare e sorridere insieme a mamma e papà, ai nonni, agli amici e ai piccoli di casa. Così, accolti in questa dimensione familiare, sembra quasi che il tempo possa fermarsi in un attimo di piacevole leggerezza.

È in queste occasioni, fatte di piatti ricchi e saporiti, di risate e di affetto, che assaporare un dessert preparato in casa è ancora più dolce. E non importa che sia la crostata di nonna o una torta un po' gourmand, ciò che conta è godersi il piacere di stare insieme con semplicità.

TORTE E CROSTATE

La classica crostata della nonna, farcita con una semplice confettura o con golosa crema alle nocciole, oppure, un dolce d'oltreoceano diventato un must anche da noi, come la Cheesecake: qualunque sia la tua torta della domenica preferita, Bimby® TM6 ti aiuterà a prepararla con la Modalità Addensare e le ricette a base di Caramello da eseguire in Modalità Guidata.

AL CUCCHIAIO

Un Tiramisù un po' particolare con la crema allo zabaione e la classica Zuppa inglese sono bontà da gustare al cucchiaio. E se non sai quale ricetta scegliere, preparale entrambe!

Con un tocco gourmand

Se la pasticciera che è in te si sente ispirata, puoi divertirti ad arricchire dei classici con un tocco gourmand: abbina alla Sbriciolata una crema inglese alla vaniglia o riempi delle Tartellette di frolla con un goloso curd di lamponi... Così ogni domenica sarà ancora più speciale!

Crema catalana

Per i tradizionalisti, la più classica monoporzione da servire a fine pasto.
Scopri la ricetta su Cookidoo®. Inquadra il QR code con il tuo smartphone.

Cheesecake alla crema catalana

INGREDIENTI

Base della cheesecake

- 300 g di biscotti, tipo digestive a pezzi
- 130 g di burro a pezzi
- 1000 g di acqua

Crema catalana

- 100 g di zucchero
- 5 g di scorza di limone (senza la parte bianca)
- 30 g di amido di mais (maizena)
- 400 g di latte intero
- 300 g di panna (min. 30% di grassi)
- 130 g di tuorli

Terminare la preparazione

- zucchero di canna, a piacere

UTENSILI UTILI

tortiera con fondo apribile (Ø 24 cm), foglio di acetato, cucchiaio, pellicola trasparente, cannello

20 min 4 h

8 **PORZIONI**

MEDIO

Per porzione: Energia 2393.7 kJ/ 572.1 kcal, Proteine 7.1 g, Carboidrati 45.6 g, Grassi 41 g, Grassi saturi 21.3 g, Colesterolo 293.4 mg, Fibre 0.6 g, Sodio 166.8 mgc

Preparazione

Base della cheesecake

1. Mettere nel boccale i biscotti e impostare **Frullare /20 sec.**. Riunire sul fondo con la spatola.

2. Aggiungere il burro e amalgamare: **4 min./60°C/vel. 2**.

3. Rivestire una tortiera con fondo apribile (Ø 24 cm) con un foglio di acetato (o con della carta forno). Trasferire il composto di biscotti nella tortiera preparata e, con il dorso di un cucchiaio, livellarlo bene. Riporre la base di biscotti in frigorifero per circa 1 ora. Nel frattempo, pulire il boccale e procedere con la ricetta.

4. Mettere nel boccale 1000 g di acqua e impostare **Pulizia**. Svuotare e asciugare il boccale.

Crema catalana

5. Mettere nel boccale lo zucchero, la scorza di limone e l'amido di mais, polverizzare: **30 sec./vel. 10**. Riunire sul fondo con la spatola.

6. Aggiungere il latte, la panna e tuorli, impostare **Addensare /100°C**. Riprendere la base dal frigorifero e versare la crema catalana al suo interno. Coprire la crema con pellicola trasparente a contatto e lasciare raffreddare a temperatura ambiente prima di riporre la cheesecake in frigorifero per almeno 3 ore.

Terminare la preparazione

7. Sformare la cheesecake e togliere il foglio di acetato. Spolverizzare la superficie con dello zucchero di canna e caramellare con un cannello (vedere consigli).

8. Servire.

CONSIGLI

- Se non si possiede il cannello, preriscaldare il forno con la funzione grill e far caramellare la cheesecake per qualche minuto ponendola sotto il grill.
- Come per la crema catalana tradizionale, la caratteristica più golosa di questa originale cheesecake sarà affondare il coltello nella crosticina croccante di zucchero!

CURIOSITÀ

- L'unione tra due dolci tradizionali per dar vita ad una rivisitazione golosa e sorprendente: il Tiramisù allo zabaione è un dolce classico con quel tocco in più che sorprenderà i tuoi ospiti.

Tiramisù allo zabaione

INGREDIENTI

Pasta biscotto

- 150 g di zucchero
- 5 uova
- 1 stecca di vaniglia, i semini
- 120 g di farina tipo 00

Crema allo zabaione

- 60 g di Marsala
- 60 g di vino bianco
- 6 tuorli
- 120 g di zucchero
- 500 g di mascarpone

Terminare la preparazione

- 180 g di caffè espresso
- cacao amaro in polvere, a piacere

UTENSILI UTILI

placca del forno o teglia (circa 29 x 36 cm), carta forno, spatola da pasticceria, canovaccio di cotone, tasca da pasticceria, coltello seghettato, piatto da portata

30 min 7 h

6 **PORZIONI**

MEDIO

Per porzione: Energia 2282 kJ/ 545.4 kcal, Proteine 9.5 g, Carboidrati 47 g, Grassi 35.5 g, Grassi saturi 16 g, Colesterolo 332.8 mg, Fibre 0 g, Sodio 353.3 mg

Preparazione

Pasta biscotto

1. Preriscaldare il forno a 180°C. Rivestire la placca del forno con carta forno e tenere da parte.

2. Mettere nel boccale lo zucchero e polverizzare: **15 sec./vel. 10**. Riunire sul fondo con la spatola.

3. Posizionare la farfalla. Aggiungere le uova e i semini di vaniglia, montare: **6 min./37°C/vel. 4**.

4. Unire la farina distribuendola intorno alla farfalla e mescolare: **4 min./vel. 3**. **Togliere la farfalla**.

5. Trasferire il composto sulla placca del forno preparata e, con una spatola da pasticceria, stenderlo delicatamente in uno strato sottile.

6. Cuocere in forno caldo per 8-10 minuti (180°C). Togliere con attenzione dal forno.

7. Spolverizzare la superficie ancora calda con un po' di zucchero e coprire con un canovaccio di cotone. Lasciare raffreddare. Nel frattempo, lavare il boccale e la farfalla e preparare la crema allo zabaione.

Crema allo zabaione

8. Posizionare la farfalla. Mettere nel boccale il Marsala, il vino bianco, i tuorli e lo zucchero, impostare **Addensare /80°C**. **Togliere la farfalla**. Far raffreddare lo zabaione sino a quando la temperatura sullo schermo segnerà i 37°C.

9. Mescolare: **2 min./vel. 3** aggiungendo il mascarpone a cucchiaiate dal foro del coperchio. Trasferire la crema allo zabaione in una tasca da pasticceria con beccuccio liscio e tenere da parte.

Terminare la preparazione

10. Riprendere la pasta biscotto e, con un coltello seghettato, tagliarla formando 4 rettangoli **(foto 1)**. Sistemare un primo rettangolo di pasta biscotto sopra un piatto da portata e bagnarlo con del caffè **(foto 2)**. Formare uno strato di crema allo zabaione **(foto 3)** e adagiarvi sopra un secondo rettangolo di pasta biscotto **(foto 4)**. Ripetere i passaggi sino al termine degli ingredienti, completando con un ultimo strato di crema allo zabaione **(foto 5)**. Riporre il tiramisù in frigorifero per 4-6 ore o per una notte.

11. Prima di servire, spolverizzare con del cacao amaro **(foto 6)**.

1

2

3

4

5

6

Zuppa inglese

INGREDIENTI

Creme

- 350 g di zucchero (vedere consigli)
- 80 g di farina tipo 00
- 1000 g di latte intero
- 180 g di tuorli (circa 10)
- 70 g di limoncello (opzionale) o 50 g di panna (35% di grassi) (opzionale)
- 30 g di cacao amaro in polvere
- 1000 g di acqua

Savoiardi

- 180 g di zucchero
- 1 stecca di vaniglia, i semini
- 6 uova, i tuorli e gli albumi separati
- 100 g di farina tipo 00 setacciata
- 1000 g di acqua

Terminare la preparazione

- 250 g di Alchermes rosso
- 250 g di panna (min. 30% di grassi) fredda

UTENSILI UTILI

ciotola, pellicola trasparente, ciotola capiente, placche del forno, carta forno, spatola da pasticceria, colino a maglia fine, gratella, ciotola di vetro, tasca da pasticceria e beccucci

Preparazione

Creme

1. Mettere nel boccale lo zucchero, la farina 00, il latte, i tuorli e, a piacere il limoncello, impostare **Addensare /100°C**. Trasferire metà della crema in una ciotola, coprire con pellicola trasparente a contatto e lasciare raffreddare a temperatura ambiente.

2. Unire alla crema rimasta nel boccale il cacao amaro, amalgamare: **10 sec./vel. 4**. Trasferire la crema al cacao in una ciotola, coprire con pellicola trasparente a contatto e lasciare raffreddare a temperatura ambiente. Nel frattempo, pulire il boccale e preparare i savoiardi.

3. Mettere nel boccale 1000 g di acqua e impostare **Pulizia** . Svuotare e asciugare il boccale.

Savoiardi

4. Mettere nel boccale lo zucchero e i semini di vaniglia, polverizzare: **10 sec./vel. 8**. Trasferire lo zucchero a velo alla vaniglia in una ciotola e tenere da parte.

5. Posizionare la farfalla. Mettere nel boccale gli albumi e montare: **4 min./vel. 3.5**.

6. Aggiungere 80 g di zucchero a velo alla vaniglia e montare: **4 min./vel. 3**. **Togliere la farfalla**. Trasferire in una ciotola capiente e tenere da parte.

7. Preriscaldare il forno a 180°C. Rivestire 2 placche da forno con carta forno.

8. Posizionare la farfalla. Mettere nel boccale i tuorli e 50 g di zucchero a velo alla vaniglia, montare: **3 min./vel. 3.5**.

9. Aggiungere la farina 00 setacciata e mescolare: **10 sec./vel. 4**. **Togliere la farfalla** e trasferire in una ciotola capiente.

10. Con una spatola da pasticceria amalgamare delicatamente, con movimenti dal basso verso l'alto, gli albumi al composto di tuorli, facendo attenzione a non smontarlo.

11. Trasferire il composto in una tasca da pasticceria con bocchetta liscia (Ø 1 cm) **(foto 1)**, distribuirlo sulle placche preparate in precedenza, formando dei tronchetti lunghi circa 10 cm e distanziandoli bene (almeno 4 cm l'uno dall'altro) **(foto 2)**.

12. Spolverizzare con lo zucchero a velo alla vaniglia rimasto fatto scendere da un colino a maglia fine. Cuocere in forno caldo per 10-15 minuti (180°C). Nel frattempo, pulire il boccale.

13. Mettere nel boccale 1000 g di acqua e impostare **Pulizia**. Svuotare il boccale.

14. Togliere con attenzione dal forno i savoiardi e lasciare raffreddare completamente su una gratella.

Terminare la preparazione

15. Versare l'Alchermes in una ciotola, poi immergervi i savoiardi rapidamente in modo da colorarli senza inzupparli troppo **(foto 3)**.

16. Disporre uno strato di savoiardi in una ciotola di vetro e ricoprire con una parte della crema al cacao **(foto 4)**. Formare uno strato perpendicolare di savoiardi inzuppati **(foto 5)** e ricoprire con della crema classica. Continuare sino a esaurimento degli ingredienti, terminando con uno strato di crema classica **(foto 6)**. Coprire con pellicola trasparente e riporre in frigorifero per almeno 3 ore.

17. Posizionare la farfalla. Mettere nel boccale la panna e montare a **vel. 3** sino a raggiungere il grado di montatura desiderato (panna montata). **Togliere la farfalla** e trasferire la panna montata in una tasca da pasticceria con bocchetta liscia.

18. Riprendere la zuppa inglese, decorare la superficie con dei ciuffetti di panna montata e servire.

CONSIGLI

- Se si preferisce una crema meno dolce, diminuire la quantità di zucchero di 50-60 g.
- La zuppa inglese è uno dei dolci più conosciuti della pasticceria dell'Emilia Romagna ed è divenuto un classico italiano, con varianti da regione a regione. È un dolce molto semplice da preparare realizzando per tempo le 2 basi che lo compongono, i savoiardi e la crema pasticcera. Qualche ora prima di servire (poiché la zuppa inglese necessita di riposo in frigorifero affinché tutti gli ingredienti si amalgamino), non resta altro che assemblare il dolce creando le stratificazioni tipiche che lo rendono uno dei dessert più conosciuti al mondo.

1 h 6 h

8 **PORZIONI**

MEDIO

Per porzione: Energia 2436.5 kJ/ 630.8 kcal, Proteine 15.1 g, Carboidrati 94.2 g, Grassi 25.9 g, Grassi saturi 13.2 g, Colesterolo 472.5 mg, Fibre 1 g, Sodio 119.5 mg

1

2

3

4

5

6

Crostata

Con il classico reticolo, cremosa o decorata con tanta frutta, la crostata è il dolce che non passerà mai di moda. Inquadra il QR code con il tuo smartphone e scopri le tante golose varianti proposte da Cookidoo®.

Crostata con crema alle nocciole e cioccolato

INGREDIENTI

Pasta frolla

- 1 limone, solo la scorza (senza la parte bianca)
- 80 g di zucchero
- 300 g di farina tipo 00
- 150 g di burro morbido a pezzi
- 1 pizzico di sale
- 1 uovo
- 1 tuorlo

Crema alle nocciole

- 20 g di cacao amaro in polvere
- 50 g di zucchero
- 5 g di amido di mais (maizena)
- 80 g di nocciole tostate
- 50 g di cioccolato fondente (70% di cacao) a pezzi
- 400 g di latte intero
- 4 tuorli

UTENSILI UTILI

pellicola trasparente, ciotola, contenitore di plastica, carta forno, stampo per crostata (Ø 26 cm), matterello, forchetta, rotella tagliapasta, spatola da pasticceria

30 min 4 h

8 **PORZIONI**

MEDIO

Per porzione: Energia 2680.5 kJ/ 640.6 kcal, Proteine 10.3 g, Carboidrati 49.3 g, Grassi 30.6 g, Grassi saturi 12.5 g, Colesterolo 199.6 mg, Fibre 1.9 g, Sodio 35.1 mg

Preparazione

Pasta frolla

1. MMettere nel boccale la scorza di limone e lo zucchero, polverizzare: **10 sec./vel. 10**. Riunire sul fondo con la spatola.

2. Aggiungere la farina 00, il burro, il sale, l'uovo e il tuorlo, impastare: **40 sec./vel. 5**. Trasferire l'impasto sul piano da lavoro, compattarlo in un panetto e avvolgerlo nella pellicola trasparente schiacciandolo leggermente. Lasciare riposare in frigorifero per circa 30 minuti. Nel frattempo, pulire il boccale e preparare la crema alle nocciole.

Crema alle nocciole

3. Mettere nel boccale il cacao, lo zucchero, l'amido di mais, le nocciole e il cioccolato, polverizzare: **10 sec./vel. 10**. Riunire sul fondo con la spatola.

4. Aggiungere il latte e i tuorli, impostare **Addensare /100°C**. Nel frattempo, riempire un contenitore capiente con dell'acqua e ghiaccio e tenere da parte. Trasferire la crema in una ciotola e coprire con pellicola trasparente a contatto. Sistemare la ciotola nel contenitore con l'acqua e il ghiaccio e lasciare raffreddare.

Terminare la preparazione

5. Preriscaldare il forno a 180°C. Rivestire con carta forno, bagnata e ben strizzata, uno stampo per crostata (Ø 26 cm) e tenere da parte.

6. Sul piano di lavoro infarinato, con l'aiuto di un matterello, stendere la pasta frolla in un sottile disco, tenendone da parte un pezzo (circa ¼) per la decorazione finale. Adagiare la frolla stesa nello stampo preparato, rialzando i bordi. Bucherellare il fondo e i bordi della pasta con i rebbi di una forchetta. Stendere la pasta tenuta da parte e con una rotella, ritagliare delle strisce di pasta larghe 1 cm.

7. Distribuire la crema alle nocciole e cioccolato uniformemente sulla base della crostata e livellarla con l'aiuto di una spatola da pasticceria. Disporre le strisce di pasta sulla superficie incrociandole a losanga a formare il classico reticolo.

8. Cuocere in forno caldo per circa 25-30 minuti (180°C). Togliere con attenzione dal forno e lasciare raffreddare. Riporre in frigorifero per circa 2 ore. Prima di consumare, lasciare la crostata a temperatura ambiente per 15-20 minuti.

9. Servire.

Panettone con fichi e noci

Colomba classica

Panettone o colomba? Scegli tu la fetta da servire con una colata tiepida di morbida crema inglese. Inquadra i QR code con il tuo smartphone e scopri le ricette su Cookidoo®.

Sbriciolata con crema inglese alla vaniglia

INGREDIENTI

Crema inglese alla vaniglia

- 300 g di latte intero
- 4 tuorli
- 50 g di zucchero
- 1 stecca di vaniglia, i semini
- 1000 g di acqua

Sbriciolata

- 70-80 g di amaretti duri
- 270 g farina tipo 00
- 100 g di burro morbido a pezzi
- 1 uovo
- 16 g di lievito in polvere per dolci
- 80 g di zucchero

UTENSILI UTILI

salsiera, tortiera (Ø 24 cm)

30 min 1 h 30 min

8 **PORZIONI**

FACILE

Per porzione: Energia 1332.6 kJ/ 318.5 kcal, Proteine 6.9 g, Carboidrati 44.9 g, Grassi 12.6 g, Grassi saturi 7.5 g, Colesterolo 59.3 mg, Fibre 1.3 g, Sodio 38.1 mg

Preparazione

Crema inglese alla vaniglia

1. Mettere nel boccale il latte, i tuorli, lo zucchero e i semini di vaniglia, impostare **Addensare /80°C**. Trasferire in una salsiera e lasciare raffreddare.

2. Mettere nel boccale 1000 g di acqua e impostare **Pulizia**. Svuotare e pulire il boccale.

Sbriciolata

3. Preriscaldare il forno a 180°C. Imburrare e infarinare una tortiera con fondo apribile (Ø 24 cm) e tenere da parte.

4. Mettere nel boccale gli amaretti e tritare: **3 sec./vel. 6**. Riunire sul fondo con la spatola.

5. Aggiungere la farina 00, il burro, l'uovo, il lievito e lo zucchero, impastare: **10 sec./vel. 5**. Si dovrà ottenere un impasto non omogeneo, ma in briciole.

6. Trasferire le briciole sul fondo della tortiera preparata, distribuendole uniformemente senza premere.

7. Cuocere in forno caldo per 20-25 minuti (180°C). Togliere con attenzione dal forno e lasciare raffreddare.

8. Servire accompagnando con la crema inglese alla vaniglia.

CONSIGLI

- La Crema inglese è un classico dessert al cucchiaio dal profumo di vaniglia, che si differenzia dalla crema pasticcera per la sua fluidità, dovuta all'assenza della farina. Leggera e morbida, è perfetta da servire fredda o tiepida insieme a dolci prevalentemente secchi, come lingue di gatto o torte sbriciolate, oppure, per i più golosi, è un'ottima salsa per irrorare fette di dolci lievitati come panettone o colomba, o ancora da servire semplicemente in coppa con della frutta fresca. La crema inglese è anche una delle basi più utilizzate per realizzare semifreddi e gelati.

CONSIGLI

- Si consiglia di non utilizzare delle uova dal tuorlo troppo giallo, per non alterare troppo il colore del curd ai lamponi.
- Se la pasta si scalda e diventa difficile da lavorare, riformare un panetto, avvolgerlo con pellicola trasparente e riporlo in frigorifero finché non si rassoda.
- Prima di servire, spolverizzare a piacere le tartellette con dello zucchero a velo.
- Conservare le crostatine in un luogo fresco e asciutto all'interno di un contenitore con chiusura ermetica.

Lime curd

Non il solito curd: prova la variante al lime! Inquadra il QR code con il tuo smartphone e scopri la fresca ricetta su Cookidoo®.

Tartellette con curd ai lamponi

INGREDIENTI

Curd ai lamponi

- 80 g di zucchero
- 60 g di succo di lime, spremuto fresco e filtrato
- 80 g di burro a pezzi
- 2 uova (vedere consigli)
- 70 g di lamponi freschi
- 1000 g di acqua

Pasta frolla

- 100 g di zucchero
- 200 g di burro a pezzi
- 370 g di farina tipo 00
- 1 uovo
- 1 pizzico di sale
- ½ stecca di vaniglia, i semini o 1 cucchiaino di estratto di vaniglia naturale

Terminare la preparazione

- lamponi, a piacere per decorare

UTENSILI UTILI

ciotola, pellicola trasparente, placca del forno, stampini bassi per crostatine Ø 10 cm, matterello, carta forno, coppapasta (Ø 12 cm)

30 min 4 h

10 **PEZZI**

FACILE

Per pezzo: Energia 1815.4 kJ/ 433.9 kcal, Proteine 5.3 g, Carboidrati 46 g, Grassi 26.1 g, Grassi saturi 15.8 g, Colesterolo 120.3 mg, Fibre 0.41 g, Sodio 22 mg

Preparazione

Curd ai lamponi

1. Mettere nel boccale lo zucchero, il succo di lime, il burro, le uova e i frutti di bosco, impostare **Addensare /80°C**. Trasferire il curd in una ciotola, coprire con pellicola trasparente a contatto e lasciare raffreddare.

2. Mettere nel boccale 1000 g di acqua e impostare **Pulizia**. Svuotare e asciugare il boccale.

Pasta frolla

3. Mettere nel boccale lo zucchero e polverizzare: **15 sec./vel. 10**. Riunire sul fondo con la spatola.

4. Aggiungere il burro, la farina 00, l'uovo, il sale e i semini di vaniglia, impastare: **30 sec./vel. 5**. Trasferire l'impasto sul piano di lavoro, compattarlo in un panetto e avvolgerlo nella pellicola trasparente. Riporre in frigorifero per 2-3 ore.

Terminare la preparazione

5. Preriscaldare il forno a 180°C. Imburrare 10 stampi monoporzione da crostatina (Ø 10 cm circa) e sistemarli sulla placca del forno.

6. Riprendere la pasta frolla e togliere la pellicola trasparente. Sistemare la pasta frolla tra 2 fogli di carta forno e, con il matterello, stenderla fino ad uno spessore di 4-5 mm. Rimuovere il foglio di carta forno superiore, con un coppapasta (Ø 12 cm) ritagliare 10 dischi di frolla e rivestire gli stampini.

7. Cuocere in forno caldo per 15-20 minuti (180°C) fino a che risulteranno dorate. Togliere con attenzione dal forno e far raffreddare completamente prima di sformare.

8. Farcire le tartellette con il curd ai lamponi e decorare con dei lamponi freschi.

9. Servire.

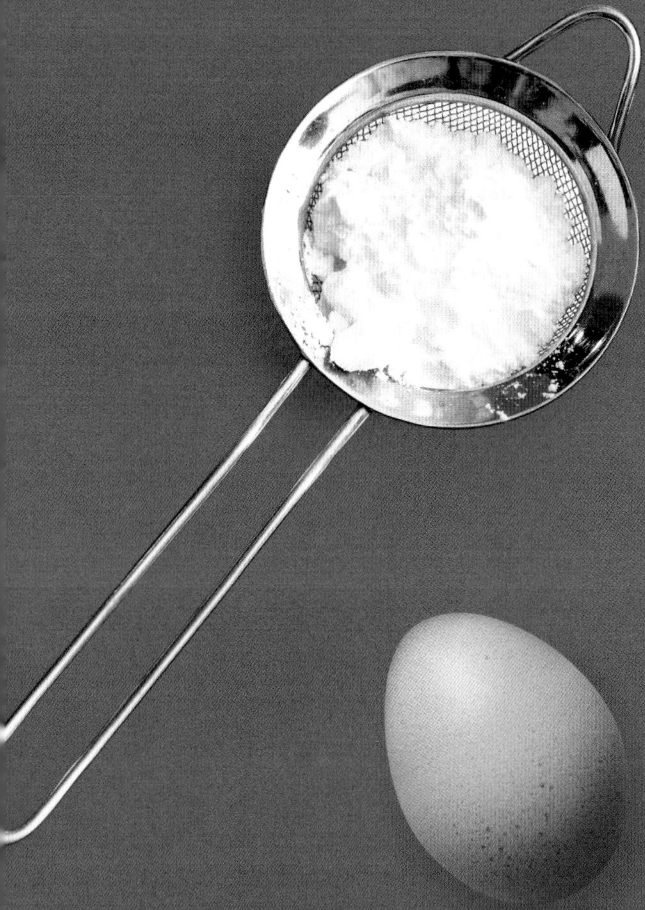

Golose occasioni

GOLOSE OCCASIONI

FESTEGGIAMO!

Ogni occasione è quella giusta per preparare un dolce: quando ci sentiamo giù di corda o vogliamo semplicemente rilassarci o ancora per dire a una persona cara che la stiamo pensando: in qualsiasi caso cucinare una torta è sempre una buona idea! Ma ci sono anche momenti particolari che vale la pena festeggiare con un'attenzione speciale.

> "Le occasioni speciali meritano di essere ricordate con dolci golosi"

L'eleganza più dolce

Un compleanno, una festa di laurea, un anniversario, una nascita o una comunione meritano di essere ricordati con dolci speciali.

Certo, non possiamo negarlo, realizzare una torta scenografica non è una passeggiata, ma con le ricette giuste e il tuo Bimby® TM6 ad aiutarti, ti stupirai di quanto facile e divertente possa diventare.

E poiché anche l'occhio vuole la sua parte, è il momento di spolverare quell'alzatina che avevi lasciato nella credenza e lucidare i piatti del servizio più bello: una tavola raffinata ed elegante è quello che ci vuole per valorizzare il tuo impegno in cucina!

Trionfo di pasticceria

Chi non ha mai avuto occasione di assaggiare una fetta di Saint Honoré? Questo trionfo della pasticceria, di origine francese, non è certo un dolce per tutti i giorni. Ma nei momenti di festa ti conquisterà con la sofficità del pan di Spagna e la fragranza della pasta sfoglia farciti di crema chiboust e arricchiti dalla dolcezza dei bigné. Insomma, uno sforzo ben ripagato!

La Chiffon cake è un ciambellone americano dalla consistenza così leggera che fa onore al tessuto da cui prende il nome. Prepararlo è un'idea perfetta qualunque sia l'occasione da festeggiare. Nella ricetta che ti proponiamo è arricchito da una morbida crema al latte, che lo renderà ancora più goloso.

LA SFOGLIATA PER ECCELLENZA

Tra le numerose golosità che puoi preparare con la sfoglia, c'è la Millefoglie: strati di pasta intervallati da setosa crema pasticcera renderanno i tuoi momenti indimenticabili!

PICCOLA PASTICCERIA

La pasta sfoglia è anche alla base di un grande classico della cucina partenopea: le Code di aragosta con la crema pasticcera... vedrai andranno a ruba!

CONSIGLI

- Si consiglia di lasciare riposare l'impasto della pasta sfoglia in frigorifero per una notte, dopo aver effettuato l'ultimo giro doppio e, prima di utilizzarla come da ricetta, lasciarla riposare a temperatura ambiente per 10-15 minuti, per ottenere un risultato più fragrante.
- Per una cottura omogenea e una forma lineare della pasta sfoglia, l'ideale sarebbe utilizzare 2 teglie della stessa misura: procedere sistemando la seconda teglia a contatto con la superficie della sfoglia e riempirla con dei pesi per non far rigonfiare eccessivamente la pasta (fagioli secchi, sfere di ceramica da forno, ecc.).
- Per una doratura più intensa della superficie della sfoglia è possibile, dopo averla fatta raffreddare, cuocerla nuovamente in forno per 2-3 minuti a 200°C, sorvegliando attentamente la cottura poiché è molto rapida.
- È possibile conservare in frigorifero per 2-3 giorni sia la pasta sfoglia cotta che la crema pasticcera, all'interno di 2 contenitori ermetici, componendo il dolce poco prima di servire.

Inquadra il QR code e guarda la video ricetta

Millefoglie

INGREDIENTI

Crema pasticcera

- 500 g di latte intero
- 100 g di zucchero
- 40 g di farina tipo 00
- 10 g di amido di mais (maizena)
- 100 g di tuorli (5 tuorli circa)
- 1 stecca di vaniglia, i semini estratti
- 1000 g di acqua

Pasta sfoglia

- 200 g di burro congelato a pezzi (1-2 cm)
- 200 g di farina tipo 00
- 90 g di acqua fredda (tenuta in congelatore per 10 minuti)
- 2 pizzichi di sale

Millefoglie

- 50 g di zucchero a velo

UTENSILI UTILI

ciotola, pellicola trasparente, contenitore di plastica, matterello, sacchetto per alimenti, teglia da forno, carta forno, coltello a lama liscia, forchetta, fagioli secchi, tasca da pasticceria e beccucci, coltello a seghetto per pane

1 h 5 h

8 **PORZIONI**

ALTA

Per porzione: Energia 1618.1 kJ/ 386.7 kcal, Proteine 6.8 g, Carboidrati 36.4 g, Grassi 24.2 g, Grassi saturi 14.4 g, Colesterolo 157.1 mg, Fibre 0.5 g, Sodio 45.7 mg

Preparazione

Crema pasticcera

1. Mettere nel boccale il latte, lo zucchero, la farina 00, l'amido di mais, i tuorli e i semini di vaniglia, impostare **Addensare /100°C**. Nel frattempo, riempire un contenitore con dell'acqua fredda e ghiaccio e tenere da parte. Trasferire la crema in una ciotola e coprire con pellicola trasparente a contatto. Riporre la ciotola nel contenitore con acqua e ghiaccio e lasciare raffreddare completamente.
Nel frattempo, lavare il boccale e preparare la pasta sfoglia.

2. Mettere nel boccale 1000 g di acqua e impostare **Pulizia**. Svuotare e pulire il boccale.

Pasta sfoglia

3. Mettere nel boccale il burro, la farina 00, l'acqua fredda e il sale, impastare: **20 sec./vel. 6**. Trasferire l'impasto sul piano di lavoro, compattarlo in un panetto, avvolgerlo con pellicola trasparente e riporre in congelatore per 30 minuti.

4. Riprendere l'impasto, e sul piano da lavoro abbondantemente infarinato, stenderlo con un matterello in un rettangolo di circa 60x20 cm **(foto 1)**. Formare 4 strati sovrapposti ripiegando verso il centro le 2 estremità **(foto 2-3)** e ripiegare ancora a metà dalla linea centrale formatasi (**giro doppio**) **(foto 4)**. Sistemare la pasta in un sacchetto di plastica per alimenti **(foto 5)** e riporre in frigorifero per 30 minuti.

5. Stendere nuovamente l'impasto con il matterello e ripetere il **giro doppio** per 5 volte, lasciando riposare in frigorifero la pasta all'interno del sacchetto di plastica per 30 minuti alla fine di ogni giro (vedere consigli).

Millefoglie

6. Preriscaldare il forno a 170°C e rivestire una teglia da forno (25x40 cm) con 2 fogli di carta forno ritagliati su misura.

7. Prendere i 2 fogli di carta forno dalla teglia e adagiarli sul piano da lavoro. Sistemare al centro tra i 2 fogli di carta forno la pasta sfoglia e stenderla con il matterello ad uno spessore di circa 2 mm. Tagliare con un coltellino a lama liscia la pasta sfoglia in eccesso dando la stessa forma della carta forno **(foto 6)**.

8. Adagiare sulla teglia la sfoglia con la carta forno, togliere il foglio superiore, bucherellare la superficie con i rebbi di una forchetta **(foto 7)** e rivestire nuovamente con la carta forno. Ricoprire completamente la sfoglia con dei legumi secchi in modo che non si gonfi in cottura (vedere consigli) **(foto 8)**.

9. Cuocere in forno caldo per 25-30 minuti (170°C). Togliere con attenzione dal forno e lasciare raffreddare completamente (vedere consigli).

10. Trasferire la crema pasticcera in una tasca da pasticceria. Con un coltello seghettato tagliare la pasta sfoglia in 4 rettangoli (12x20 cm circa) **(foto 9)** e comporre la millefoglie con 4 strati di pasta sfoglia farciti con 3 strati di crema (vedere consigli) **(foto 10)**.

11. Servire spolverizzando con lo zucchero a velo.

1

2

3

4

5

6

7

8

9

10

CURIOSITÀ

- Considerata la sorella minore ma più croccante della famosa sfogliatella riccia, la coda d'aragosta è un dolcetto immancabile nella "guantiera" della domenica delle tavole partenopee. Essendo molto simili soprattutto nella forma, la coda d'aragosta, la sfogliatella e la santarosa vengono spesso confuse, ma quasi nessuno conosce davvero le differenze che le contraddistinguono e la storia che le caratterizza. La santarosa è stata la prima versione ad essere realizzata, intorno al 1600, ad opera della monaca cuoca del Monastero di Santa Rosa da Lima a Conca dei Marini, in costiera Amalfitana, la quale creò un dolcetto a forma a conchiglia con un delizioso ripieno di crema pasticcera e amarene. Per quasi un secolo e mezzo la ricetta rimase custodita tra le mura del convento e solo nei primi anni del XIX secolo, un pasticciere napoletano, Pasquale Pintauro, riuscì ad ottenere la ricetta originale, che però modificò eliminando le amarene e la crema pasticcera, facendo nascere così la sfogliatella riccia, composta da strati sottilissimi di pasta sfoglia e ripiena con una crema preparata con semola, uova, ricotta, canditi, latte e zucchero. Nel corso del tempo, la sfogliatella è stata oggetto di numerose varianti, tra cui la sfogliatella frolla e la coda d'aragosta. Quest'ultima si differenzia sia per la dimensione, un pochino più ridotta, che per il suo soffice ripieno che varia dalla panna montata, alla crema chantilly o alla crema al cioccolato.

Code di aragosta con crema pasticcera

INGREDIENTI

Impasto

- 400 g di farina manitoba
- 1200 g di acqua
- 10 g di sale
- 30 g di burro
- 10 g di miele
- 200 g di strutto
- 1000 g di acqua

Crema pasticcera

- 500 g di latte intero
- 70 g di zucchero
- 40 g di farina tipo 00
- 10 g di amido di mais (maizena)
- 4 tuorli
- 1 stecca di vaniglia, i semini

Terminare la preparazione

- zucchero a velo, a piacere

UTENSILI UTILI

pellicola trasparente, matterello, pennello da pasticceria, contenitore di plastica, ciotola, placca del forno, carta forno, gratella

1 h 6 h

40 **PEZZI**

ALTA

Per pezzo: Energia 3470.9 kJ/ 79.5 kcal, Proteine 1.4 g, Carboidrati 10.3 g, Grassi 3.7 g, Grassi saturi 1.1 g, Colesterolo 21 mg, Fibre 0 g, Sodio 102 mg

Preparazione

Impasto

1. Mettere nel boccale la farina 00, 200 g di acqua, il sale, il burro e il miele, impostare **Spiga /3 min.**. Trasferire l'impasto sul piano di lavoro, compattarlo in un panetto e avvolgerlo nella pellicola trasparente. Riporre in frigorifero a riposare per 2 ore.

2. Riprendere il panetto e togliere la pellicola trasparente. Dividere il panetto in 2 parti uguali **(foto 1)** e, sul piano di lavoro leggermente infarinato, con l'aiuto di un matterello, stendere ciascuna parte fino ad ottenere delle sfoglie il più sottili possibile (spessore 2 mm circa e dimensione 70x30 cm) **(foto 2)**.

3. Mettere nel boccale lo strutto e sciogliere: **3 min./50°C/vel. 2**.

4. Con l'aiuto di un pennello da pasticceria, spennellare lo strutto sulle sfoglie ottenute **(foto 3)** e arrotolarle dalla parte corta formando 2 cilindri (Ø 3 cm) **(foto 4)**. Avvolgere i cilindri nella pellicola trasparente e far riposare in frigorifero per 2 ore. Nel frattempo, pulire il boccale e preparare la crema pasticcera.

5. Mettere nel boccale 1000 g di acqua e impostare **Pulizia** . Svuotare e asciugare il boccale.

Crema pasticcera

6. Mettere nel boccale il latte, lo zucchero, la farina 00, l'amido di mais, i tuorli e i semini di vaniglia, impostare **Addensare /100°C**. Nel frattempo, riempire un contenitore con dell'acqua fredda e ghiaccio. Trasferire la crema in una ciotola e coprire con pellicola trasparente a contatto. Sistemare la ciotola nel recipiente con l'acqua e il ghiaccio e lasciare raffreddare.

Terminare la preparazione

7. Riprendere i cilindri e tagliarli fette larghe 2 cm **(foto 5)**. Con le mani unte di strutto, premere al centro dei dischi con i pollici ruotandoli fino ad ottenere dei coni **(foto 6)**.

8. Preriscaldare il forno a 180°C e rivestire la placca del forno con carta forno.

9. Riempire i coni con la crema pasticcera **(foto 7)**, chiuderli **(foto 8)** e disporli sulla placca preparata.

10. Cuocere in forno caldo per circa 20 minuti (180°C) o sino a che la superficie sarà dorata. Togliere con attenzione dal forno e lasciare raffreddare sopra una gratella.

11. Servire spolverizzando con zucchero a velo.

1

2

3

4

5

6

7

8

CONSIGLI

- Per preparare un'altissima chiffon cake è necessario avere a disposizione l'apposito stampo. In commercio ne esistono di diverse dimensioni. Lo stampo non deve essere né unto né infarinato. Appena sfornata, la chiffon cake deve rimanere all'interno dello stampo capovolto sino a completo raffreddamento (2-3 ore circa). La chiffon cake si staccherà da sola con facilità. In caso contrario, passare la lama di un coltello lungo il perimetro della torta e staccarla con delicatezza.
- Conservare la crema al latte che rimane in un vasetto di vetro con chiusura ermetica e riporre in frigorifero. Consumare preferibilmente entro 2-3 giorni, per un leggero dopocena se accompagnata a della frutta fresca o una gustosa merenda con dei biscotti morbidi.

Inquadra il QR code e guarda la video ricetta

Chiffon cake alla vaniglia con crema al latte

INGREDIENTI

Chiffon cake alla vaniglia

- 6 uova, i tuorli e gli albumi separati
- 1 bustina di cremor tartaro (8 g)
- 300 g farina tipo 00
- 300 g di zucchero
- 2 stecche di vaniglia, i semini
- 1 pizzico di sale
- 120 g di olio di semi di girasole
- 170 g di acqua
- 30 g di Rum bianco al cocco
- 16 g di lievito in polvere per dolci (1 bustina)

Crema al latte

- 150 g di zucchero
- 1 stecca di vaniglia, i semini
- 600 g di latte intero
- 35 g di amido di mais (maizena)

Terminare la preparazione

- zucchero a velo, a piacere (opzionale)

UTENSILI UTILI

stampo per chiffon cake, ciotola, spatola da pasticceria, pellicola trasparente, coltello a lama lunga, tagliere, tasca da pasticceria e beccucci, piatto da portata

20 min 2 h

8 **PORZIONI**

FACILE

Per porzione: Energia 2497 kJ/ 596.8 kcal, Proteine 9.9 g, Carboidrati 91.2 g, Grassi 21.1 g, Grassi saturi 4 g, Colesterolo 147.1 mg, Fibre 0 g, Sodio 76.3 mg

Preparazione

Chiffon cake alla vaniglia

1. Preriscaldare il forno a 170°C e preparare sul piano di lavoro uno stampo da chiffon cake (Ø 24 cm) (vedere consigli).
2. **Posizionare la farfalla**. Mettere nel boccale gli albumi e il cremor tartaro, montare: **5 min./37°C/vel. 4**. **Togliere la farfalla**. Trasferire gli albumi montati in una ciotola e tenere da parte. Lavare e asciugare il boccale.
3. Mettere nel boccale la farina 00, lo zucchero, i semini di vaniglia e il sale, polverizzare: **20 sec./vel. 10**. Riunire sul fondo con la spatola.
4. Aggiungere l'olio di semi di girasole, i tuorli, l'acqua e il Rum bianco al cocco, mescolare: **20 sec./vel. 5**.
5. Unire il lievito e amalgamare: **10 sec./vel. 5**. Trasferire il composto in un ciotola e, con una spatola da pasticceria, incorporare delicatamente gli albumi montati a neve con movimenti dal basso verso l'alto.
6. Trasferire il composto nello stampo da chiffon cake e cuocere in forno caldo per 50 minuti (170°C). Togliere con attenzione dal forno, capovolgere e lasciare raffreddare completamente all'interno dello stampo (vedere consigli). Nel frattempo, pulire il boccale e preparare la crema al latte.

Crema al latte

7. Mettere nel boccale lo zucchero, i semini di vaniglia, il latte e l'amido di mais, impostare **Addensare /100°C**. Trasferire la crema in una ciotola, coprire con pellicola trasparente a contatto e lasciare raffreddare.

Terminare la preparazione

8. Sformare la torta su un tagliere e, con un coltello a lama lunga, tagliarla a metà orizzontalmente. Sistemare metà della crema al latte in una tasca da pasticceria con bocchetta a stella.
9. Sistemare metà torta su un piatto da portata, farcirne la superficie con la crema al latte facendola scendere dalla tasca da pasticceria (vedere consigli) e chiudere con l'altra metà della torta.
10. Spolverizzare a piacere con dello zucchero a velo e servire.

Torta Saint Honoré all'italiana

Ricetta eseguibile esclusivamente in Modalità Guidata

INGREDIENTI

Pasta sfoglia
- 50 g di burro congelato a pezzi (1-2 cm)
- 50 g di farina tipo 00
- 23 g di acqua fredda (tenuta in congelatore per 10 minuti)
- 1 pizzico di sale

Pan di Spagna
- burro q.b.
- 170 g di zucchero
- 3 g di scorza di limone (senza la parte bianca)
- 200 g di uova intere (3-4 uova circa)
- 50 g di tuorli (circa 2-3 tuorli)
- 1 stecca di vaniglia, i semini
- 120 g di farina di grano forza 180 W
- 50 g di fecola di patate

Pasta choux
- 75 g di acqua
- 40 g di burro a pezzi
- 1 pizzico di sale
- 5 g di zucchero
- 60 g di farina tipo 00
- 1 uovo (da 70 g circa)

Crema chiboust
- 500 g di latte intero
- 240 g di zucchero
- 40 g di farina tipo 00
- 10 g di amido di mais (maizena)
- 5 tuorli
- 1 stecca di vaniglia, i semini
- 10 g di gelatina in fogli, ammollata e strizzata
- 5 g di cacao amaro in polvere
- 25 g di cioccolato fondente a pezzi
- 2000 g di acqua
- 120 g di albumi

Bagna
- 100 g di zucchero
- 200 g di acqua
- 40 g di liquore all'arancia

Caramello
- 300 g di zucchero o 300 g di zucchero grezzo
- 1080 g di acqua
- 20 g di miele

Crema chantilly
- 15 g di zucchero
- ½ stecca di vaniglia, i semini
- 300 g di panna (min. 30% di grassi), fredda

Terminare la preparazione
- 80 g di granella di nocciole

UTENSILI UTILI

pellicola trasparente, matterello, sacchetto per alimenti, placca del forno, carta forno, forchetta, gratella, tortiera (Ø 24 cm), ciotola capiente, stecchini in legno per spiedini, teglia, contenitori in plastica, ciotola, frusta, ciotola di vetro, pinza da cucina, vassoio, piatto o alzatina per torte, coltello seghettato, tasca da pasticceria e beccucci, spatola a gomito in metallo

1 h 30 min 22 h

10 **PORZIONI**

ALTA

Per porzione: Energia 3996.1 kJ/ 955.1 kcal, Proteine 14.8 g, Carboidrati 121.9 g, Grassi 44.9 g, Grassi saturi 21.9 g, Colesterolo 395.1 mg, Fibre 0.6 g, Sodio 107.6 mg

Preparazione

Pasta sfoglia

1. Mettere nel boccale il burro, la farina 00, l'acqua fredda e il sale, impastare: **20 sec./vel. 6**. Infarinare leggermente il piano di lavoro e trasferirvi l'impasto, compattarlo in un panetto e avvolgerlo con pellicola trasparente. Riporre il panetto di pasta sfoglia in congelatore per 30 minuti.

2. Riprendere l'impasto e, sul piano di lavoro abbondantemente infarinato, stenderlo con un matterello in un rettangolo di circa 40x10 cm. Formare 4 strati sovrapposti ripiegando verso il centro le 2 estremità e ripiegare ancora a metà dalla linea centrale formatasi (**giro doppio**). Sistemare la pasta in un sacchetto di plastica per alimenti e riporre in frigorifero per 30 minuti.

3. Stendere nuovamente l'impasto con il matterello e ripetere il **giro doppio** per 5 volte, lasciando riposare in frigorifero la pasta all'interno del sacchetto di plastica per 30 minuti alla fine di ogni giro (vedere consigli).

4. Preriscaldare il forno a 170°C. Tenere a disposizione la placca del forno e sistemare sul piano di lavoro un foglio di carta forno.

5. Riprendere la sfoglia e toglierla dal sacchetto. Sistemare il panetto di impasto sul foglio di carta forno preparato e coprirlo con un altro foglio di carta forno.

6. Con il matterello, stendere l'impasto in una sfoglia rotonda spessa circa 2-3 mm e Ø 24 cm. Togliere la carta forno di superficie e bucherellare la sfoglia con i rebbi di una forchetta **(foto 1)**. Adagiare la sfoglia, con la carta forno, sulla placca del forno e sistemarvi sopra una gratella, in modo che durante la cottura la pasta sfoglia non si gonfi troppo **(foto 2)**.

7. Cuocere in forno caldo per 25-30 minuti (170°C). Senza spegnerlo, togliere con attenzione dal forno e lasciare raffreddare completamente. Nel frattempo, preparare il pan di Spagna.

Pan di Spagna

8. Imburrare e infarinare una tortiera con fondo apribile (Ø 24 cm) e tenere da parte.

9. Mettere nel boccale 50 g di zucchero e la scorza di limone, polverizzare: **10 sec./vel. 10**. Riunire sul fondo con la spatola.

10. Posizionare la farfalla. Aggiungere le uova, i tuorli, 120 g di zucchero e i semini di vaniglia, montare: **15 min./40°C/vel. 4**. Nel frattempo, in una ciotola, setacciare la farina e la fecola di patate. **Togliere la farfalla** e trasferire il composto in una ciotola capiente.

11. Con una spatola da pasticceria, incorporare poco per volta le polveri setacciate, con movimenti dal basso verso l'alto.

12. Versare il composto nello stampo preparato e cuocere in forno caldo per 25-30 minuti (170°C). Verificare la cottura effettuando la prova stecchino: se è asciutto, il pan di Spagna sarà cotto. Senza spegnerlo, togliere con attenzione dal forno e sformare il pan di Spagna sulla gratella del forno. Nel frattempo, aumentare la temperatura del forno a 180°C, lavare il boccale e preparare la pasta choux.

Pasta choux

13. Mettere nel boccale l'acqua, il burro, il sale e lo zucchero, cuocere: **5 min./100°C/vel. 1**.

14. Aggiungere la farina 00 e mescolare: **20 sec./vel. 4**. Togliere il boccale dalla sua postazione e fare raffreddare il contenuto per 10 minuti.

15. Rivestire la placca del forno con carta forno e tenere da parte.

16. Posizionare il boccale e, con lame in movimento a **vel. 5**, aggiungere le uova, una alla volta, attraverso il foro del coperchio.

17. Dopo aver aggiunto l'ultimo uovo, mescolare ancora: **30 sec./vel. 5**.

18. Mettere l'impasto in una tasca da pasticceria con bocchetta liscia (Ø 1 cm).

19. Con la pasta choux formare i bignè, facendoli scendere dalla tasca da pasticceria sulla placca preparata, lasciando 5 cm di spazio tra l'uno e l'altro (vedere consigli) **(foto 3)**.

20. Cuocere i bignè in forno caldo per 20-25 minuti (180°C) o finché saranno dorati. Spegnere il forno e socchiuderlo, facendo asciugare i bignè al suo interno per 10 minuti. Poi chiudere il forno, impostare una temperatura di 50°C in modalità ventilato e lasciare asciugare per 15 minuti. Togliere con attenzione la placca dal forno e lasciare raffreddare completamente su una gratella. Nel frattempo, pulire il boccale e preparare la crema chiboust.

Crema chiboust

21. Mettere nel boccale il latte, 100 g di zucchero, la farina 00, l'amido di mais, i tuorli e i semini di vaniglia, impostare **Addensare /100°C**. Nel frattempo, riempire due contenitori con acqua e ghiaccio.

22. Mescolare: **5 min./vel. 1.5**, sino a che la temperatura sul display segna 70°C.

23. Aggiungere la gelatina e mescolare: **10 sec./vel. 3**. Trasferire ⅔ di crema in una ciotola e coprire con pellicola trasparente a contatto. Sistemare la ciotola in uno dei contenitori con l'acqua e il ghiaccio e lasciare raffreddare.

24. Unire alla crema nel boccale il cacao e il cioccolato, mescolare: **30 sec./vel. 3**. Trasferire la crema al cioccolato in una ciotola e coprire con pellicola trasparente a contatto. Sistemare la ciotola nel secondo contenitore con acqua e ghiaccio e lasciare raffreddare.

25. Mettere nel boccale 1000 g di acqua e impostare **Pulizia**. Svuotare, lavare e asciugare bene il boccale.

26. Mettere nel boccale 140 g di zucchero e polverizzare: **20 sec./vel. 10**. Riunire sul fondo con la spatola.

27. Aggiungere gli albumi, scaldare: **4 min./70°C/vel. 2**.

28. Posizionare la farfalla e montare: **5 min./vel. 3.5** senza il misurino. **Togliere la farfalla**.

29. Una volta fredde, con una frusta, mescolare vigorosamente le creme pasticcere, poi unire metà della meringa alla crema pasticcera bianca **(foto 4)** e la restante metà alla crema pasticcera al cioccolato con la spatola, con movimenti delicati dal basso verso l'alto. Sistemare le creme in due tasche da pasticceria con bocchetta a goccia e riporle in frigorifero per almeno 10-12 ore.

30. Mettere nel boccale 1000 g di acqua e impostare **Pulizia**. Svuotare il boccale, lavarlo e lavare anche la farfalla.

Bagna

31. Mettere nel boccale lo zucchero e l'acqua, scaldare: **10 min./98°C/vel. 2**. Togliere il boccale dal suo alloggiamento e lasciare raffreddare.

32. Riposizionare il boccale e aggiungere il liquore all'arancia, mescolare: **10 sec./vel. 2**. Trasferire in una ciotola e tenere da parte.

Caramello

33. Per garantire il successo della ricetta, gli ingredienti utilizzati devono corrispondere esattamente alla quantità e alla descrizione fornita. La ricetta deve essere preparata immediatamente dopo aver aggiunto lo zucchero e gli altri ingredienti nel boccale.

34. Mettere nel boccale lo zucchero, 80 g di acqua e il miele, impostare **Caramello** senza misurino. Trasferire in una ciotola di vetro e tenere da parte (vedere consigli).

35. Mettere nel boccale 1000 g di acqua e impostare **Pulizia**. Svuotare il boccale.

Assemblare la Saint Honoré

36. Rivestire un vassoio con un foglio di carta forno. Aiutandosi con una pinza da cucina, immergere con attenzione la calotta dei bignè nel caramello, sistemarli capovolti sul vassoio facendo attenzione che la parte piatta sia parallela al foglio e non inclinata e lasciare raffreddare **(foto 5)**.

37. Riprendere il pan di Spagna e, con un coltello a lama lunga e seghettata, tagliarlo a metà in senso orizzontale **(foto 6)**. Sistemare su un'alzatina il disco di base, bagnarlo con una parte della bagna e farcirne l'interno con la crema chiboust bianca **(foto 7)**, lasciandone un po' da parte per farcire i bignè e decorare la torta. Sistemare sulla crema il disco di sfoglia e farcire con la crema chiboust al cioccolato **(foto 8)**, lasciandone sempre da parte un po' per riempire i bignè e decorare la torta. Adagiare sulla crema il secondo disco di pan di Spagna e bagnarlo con la bagna rimanente.

38. Farcire metà dei bignè con una parte della crema chiboust bianca e l'altra metà con una parte della crema chiboust al cioccolato tenute da parte.

Crema chantilly

39. Mettere nel boccale lo zucchero e i semini di vaniglia, polverizzare: **8 sec./vel. 10**. Riunire sul fondo con la spatola.

40. Posizionare la farfalla. Unire la panna e montare a **vel. 3** sino a raggiungere il grado di montatura desiderato (panna montata).

Terminare la preparazione

41. Con ⅔ della crema chantilly coprire la superficie della torta, stendendola in maniera uniforme con l'aiuto di una spatola a gomito **(foto 9)**. Sistemare la restante chantilly all'interno di una tasca da pasticceria con bocchetta festonata. Rivestite i bordi della torta con la granella di nocciola aiutandosi con un cucchiaio **(foto 10)**.

42. Posizionare i bignè farciti con le due creme, alternandoli, sul perimetro del disco superiore, distanziandoli equamente tra di loro e usando un ciuffetto di crema chantilly per attaccarli alla superficie. Negli spazi vuoti tra un bignè e l'altro, realizzare dei ciuffi di crema chantilly **(foto 11)**. Con le creme chiboust rimaste, decorare lo spazio interno ai bignè e chantilly creando la decorazione a goccia caratteristica della Saint Honoré, alternando le strisce di crema bianca a quelle di crema al cioccolato **(foto 12)**.

43. Riporre la Saint Honoré in frigorifero per almeno 1 ora prima di servire.

CONSIGLI

- Il buon esito della pasta sfoglia dipende dal mantenere l'impasto freddo, in modo che il burro non si scaldi; a questo scopo si consiglia di lavorare su un piano da lavoro freddo (in marmo o in pietra) e in un ambiente fresco. Se durante la lavorazione l'impasto si riscalda, riporlo in congelatore per 5 minuti e stenderlo di nuovo.
- Si consiglia di lasciare riposare l'impasto della pasta sfoglia in frigorifero per una notte, dopo aver effettuato l'ultimo giro doppio, e prima di utilizzarla come da ricetta, lasciarla riposare a temperatura ambiente per 10-15 minuti, per ottenere un risultato più fragrante.
- La pasta sfoglia si conserva bene in congelatore: per uno scongelamento più rapido si consiglia di stenderla parzialmente su un foglio di carta forno prima del congelamento, arrotolarla intorno alla carta forno e congelare.
- È possibile conservare in frigorifero per 2-3 giorni la pasta sfoglia cotta, all'interno di un contenitore con chiusura ermetica.
- Per ottenere dei bignè tondi, appiattire con un dito bagnato eventuali punte prima di infornare.
- Riporre il caramello che non si utilizza in un barattolo di vetro e conservarlo in un luogo fresco e asciutto.
- Qualora si voglia tagliare o modellare il pan di Spagna, non farlo mai raffreddare del tutto, ma utilizzarlo sempre un po' tiepido.
- La pasta sfoglia, il pan di Spagna, i bignè e la crema chiboust possono essere preparati 1 o 2 giorni in anticipo, per poi assemblare la torta il giorno stesso del suo consumo.
- La differenza tra la versione tradizionale della Saint Honoré e la Saint Honoré all'italiana è la presenza in quest'ultima della parte morbida del pan di Spagna, che lo rende il dolce per eccellenza delle grandi occasioni.

1

2

3

4

5

6

7

8

9

10

11

12

CONSIGLI

- Per bloccare la carta forno sulla teglia, formare 4 ciuffi di pasta choux agli angoli della teglia e pressarvi sopra la carta forno.
- Per ottenere dei bignè tondi, appiattire con un dito bagnato eventuali punte prima di cuocere in forno.
- Si consiglia di consumare i cigni entro le 12 ore successive al loro assemblaggio. In alternativa, è possibile conservare separatamente gli ingredienti per 24-48 ore e procedere assemblandoli al momento del bisogno.

Pasta choux al cacao

E se i cigni fossero neri? Scopri su Cookidoo® la versione al cacao delle pasta choux. Inquadra il QR code con il tuo smartphone.

Cigni alla crema diplomatica

INGREDIENTI

Crema pasticcera

- 500 g di latte intero
- 5 tuorli
- 100 g di zucchero
- 40 g di farina tipo 00
- 10 g di amido di mais (maizena)
- 1 stecca di vaniglia, i semini
- 1000 g di acqua

Pasta choux

- 150 g di acqua
- 80 g di burro a tocchetti
- 1 pizzico di sale
- 10 g di zucchero
- 120 g di farina tipo 00
- 3 uova

Crema diplomatica

- 250 g di panna (min. 30% di grassi) fredda

UTENSILI UTILI

ciotola, pellicola trasparente, tasca da pasticceria, placche del forno, carta forno, spatola da pasticceria

1 h 2 h

25 **PEZZI**

MEDIO

Per pezzo: Energia 392 kJ/ 93.7 kcal, Proteine 2.5 g, Carboidrati 10.9 g, Grassi 4.5 g, Grassi saturi 2.4 g, Colesterolo 72.6 mg, Fibre 0 g, Sodio 17.6 mg

Preparazione

Crema pasticcera

1. Mettere nel boccale il latte, le uova, lo zucchero, la farina 00, l'amido di mais e i semini di vaniglia, impostare **Addensare /100°C**. Trasferire la crema in una ciotola, coprire con pellicola trasparente a contatto e lasciare raffreddare. Nel frattempo, pulire il boccale e preparare la pasta choux.

2. Mettere nel boccale 1000 g di acqua e impostare **Pulizia**. Svuotare e asciugare il boccale.

Pasta choux

3. Mettere nel boccale l'acqua, il burro, il sale e lo zucchero, cuocere: **5 min./100°C/vel. 1**.

4. Aggiungere la farina 00 e mescolare: **20 sec./vel. 4.** Lasciare raffreddare nel boccale 10 minuti.

5. Con lame in movimento a **vel. 5**, aggiungere attraverso il foro del coperchio le uova, una per volta.

6. Dopo aver aggiunto l'ultimo uovo, mescolare ancora: **30 sec./vel. 5**. Trasferire ¼ dell'impasto in una tasca da pasticceria con una bocchetta tonda liscia e il rimanente impasto in una tasca da pasticceria senza bocchetta.

7. Preriscaldare il forno a 200°C e foderare 2 placche del forno con carta forno.

8. Sulla prima placca e con la tasca da pasticceria con la bocchetta liscia formare delle 'S' dello spessore di circa 0.5 cm (collo del cigno). Sulla seconda placca e con la tasca da pasticceria senza bocchetta formare dei bignè della grandezza di una noce (corpo e ali dei cigni).

9. Cuocere in forno caldo per 7-8 minuti (200°C) la teglia con le 'S', controllando durante la cottura che non si brucino. Senza spegnerlo, togliere con attenzione la placca dal forno e lasciare raffreddare.

10. Cuocere in forno caldo per 20 minuti (200°C) i bignè. Spegnere il forno, aprirlo leggermente e lasciare asciugare i bignè all'interno per 15 minuti, poi togliere la placca dal forno e lasciare raffreddare completamente i bignè.

Crema diplomatica

11. Posizionare la farfalla. Mettere nel boccale la panna e montare a **vel. 3**, fino a raggiungere il grado di montatura desiderato (panna montata). **Togliere la farfalla**.

12. Unire la panna montata alla crema pasticcera fredda incorporandola con una spatola da pasticceria, con movimenti delicati dal basso verso l'alto.

Terminare la preparazione

13. Tagliare a metà orizzontalmente i bignè e dividere la calotta superiore in 2 parti (ali). Farcire la base dei bignè (corpo) con un abbondante ciuffo di crema diplomatica. Inserire lateralmente le ali e tra di esse inserire il collo.

14. Servire o conservare in frigorifero sino al momento dell'utilizzo (vedere consigli).

pasticcera e cioccolato

INGREDIENTI

Pasta sfoglia

- 200 g di burro congelato a pezzi (1-2 cm)
- 200 g di farina tipo 0
- 90 g di acqua fredda
- 1 pizzico di sale

Crema pasticcera

- 500 g di latte intero
- 70 g di zucchero
- 40 g di farina tipo 00
- 10 g di amido di mais (maizena)
- 4 tuorli
- 1 stecca di vaniglia, i semini
- 80 g di cioccolato fondente a pezzi (1 cm)

Terminare la preparazione

- 1 tuorlo
- 1 cucchiaio di latte intero
- zucchero a velo, a piacere (opzionale)

UTENSILI UTILI

pellicola trasparente, ciotola, matterello, placca del forno, carta forno, rotella liscia, cilindri per cannoli, ciotolina, pennello da pasticceria, gratella, tasca da pasticceria e beccucci

Preparazione

Pasta sfoglia

1. Mettere nel boccale il burro, la farina 0, l'acqua e il sale, impastare: **20 sec./vel. 6**. Trasferire l'impasto sul piano di lavoro e compattarlo in un panetto omogeneo.

2. Avvolgere il panetto nella pellicola trasparente e riporre in frigorifero per 20 minuti. Nel frattempo, preparare la crema pasticcera.

Crema pasticcera

3. Mettere nel boccale il latte, lo zucchero, la farina 00, l'amido di mais, i tuorli e i semini di vaniglia, impostare **Addensare /100°C**. Trasferire metà crema pasticcera in una ciotola, coprire con pellicola trasparente a contatto e fare raffreddare completamente a temperatura ambiente.

4. Al contenuto rimasto nel boccale, aggiungere il cioccolato fondente e amalgamare: **30 sec./vel. 6**. Trasferire la crema pasticcera al cioccolato in una ciotola, coprire con pellicola trasparente a contatto e fare raffreddare completamente a temperatura ambiente.

Terminare la preparazione

5. Riprendere il panetto di pasta sfoglia, togliere la pellicola e adagiarlo sul piano di lavoro infarinato. Con un matterello, tirare la sfoglia in un rettangolo lungo 3 volte tanto la sua larghezza (60x20 cm circa) **(foto 1)**. Ripiegare il rettangolo di pasta in tre parti **(foto 2-3)** e ruotare la sfoglia così ripiegata di 90° **(foto 4)** in modo da avere la piega sulla sinistra. Avvolgere nella pellicola trasparente **(foto 5)** e riporre in frigorifero per 20 minuti. Ripetere il processo di stesura, piegatura e riposo in frigorifero per altre tre volte, infarinando bene sia il piano di lavoro che l'impasto ad ogni passaggio. Durante l'ultimo riposo in frigorifero, preriscaldare il forno a 200°C e rivestire la placca del forno con carta forno.

6. Sul piano di lavoro infarinato, con il matterello, stendere la sfoglia in un rettangolo di spessore 5 mm circa e con una rotella liscia ritagliare, dal lato lungo, delle strisce di pasta della larghezza di 2 cm circa **(foto 6)**.

1 h 4 h

16 **PEZZI**

MEDIO

Per pezzo: er pezzo: Energia 926.2 kJ/ 221.3 kcal, Proteine 4.4 g, Carboidrati 19.8 g, Grassi 13.8 g, Grassi saturi 7.2 g, Colesterolo 91.6 mg, Fibre 0.8 g, Sodio 23.6 mg

7. Imburrare e infarinare leggermente dei cilindri per cannoli e arrotolarvi attorno le strisce di pasta, sino a coprirne tutta la superficie **(foto 7)**.

8. In una ciotolina, mescolare il tuorlo con un cucchiaio di latte e spennellare la superficie dei cannoli stando attenti a non farla colare troppo **(foto 8)**. Sistemare i cannoli sulla placca del forno precedentemente preparata e spolverizzarli a piacere con dello zucchero a velo **(foto 9)**.

9. Cuocere in forno caldo per 18-20 minuti circa (200°C) fino a che risulteranno dorati. Togliere con attenzione dal forno e lasciare raffreddare su una gratella.

10. Sformare delicatamente i cannoncini dagli stampini e riempire due tasche da pasticceria con le creme fredde.

11. Riempire i cannoncini prima con la crema pasticcera bianca e poi con la crema pasticcera al cioccolato **(foto 10)**.

12. Servire (vedere consigli).

CONSIGLI

- Per conservare la fragranza e la croccantezza della pasta sfoglia, si consiglia di farcire i cannoli poco prima di servire.
- Sia i cannoncini che la crema pasticcera possono essere preparati in anticipo. Conservare i cannoncini in un luogo asciutto all'interno di un contenitore con chiusura ermetica, mentre la crema pasticcera in frigorifero, sempre coperta da pellicola trasparente a contatto.
- A piacere, spolverizzare i cannoncini con dello zucchero a velo.

1

2

3

4

5

6

7

8

9

10

Per saperne di più

Zucchero

"Basta un poco di zucchero e la pillola va giù" cantava Mary Poppins, celebre protagonista del romanzo di Pamela Lyndon Travers. Ed è innegabile che la vita, con un po' di dolcezza, ci mostri i lati più belli di sé. Lo zucchero è un ingrediente di uso quotidiano nelle cucine del mondo. Ma conosciamo tutti i tipi che abbiamo a disposizione?

ZUCCHERO BIANCO SEMOLATO

È il classico zucchero da tavola, che utilizziamo tutti i giorni. Può derivare dalla barbabietola o dalla canna da zucchero, ma in entrambi i casi è composto dalla stessa molecola, il saccarosio. A conferirgli il colore più chiaro interviene il processo di purificazione (o raffinazione) durante il quale lo zucchero assume l'aspetto candido a cui siamo abituati.

ZUCCHERO SEMOLATO FINISSIMO

Molto usato in pasticceria per la sua capacità di sciogliersi anche in acqua fredda, è uno zucchero semolato più fine di quello tradizionale.

Potere Dolcificante Relativo (POD)

La dolcezza non è un valore che può essere misurato in modo oggettivo, per questo si è definito un potere dolcificante relativo (POD) degli zuccheri:

saccarosio	100 POD	zucchero invertito	125 POD
lattosio	40 POD	miele	130 POD
maltosio	50 POD	fruttosio	120-170 POD
glucosio	70 POD		

ZUCCHERO MUSCOVADO

Lo zucchero muscovado proviene solo dalla canna da zucchero e non è raffinato (o lo è solo in parte). Per questo si presenta con un colore bruno intenso e conserva gran parte dei nutrienti, spesso eliminati nella lavorazione. Il sapore è più intenso, con note caramellate.

ZUCCHERO A VELO

Si tratta di zucchero semolato, proveniente dalla canna da zucchero o dalla barbabietola, ridotto a una polvere impalpabile e leggera. In pasticceria è molto utilizzato per le decorazioni, per la preparazione di glasse, di dolci al cucchiaio e creme. Inoltre è semplicissimo da realizzare con il tuo Bimby®.

Per saperne di più

Creme

Alla base della pasticceria, le creme si preparano in generale con uova (che devono essere necessariamente a temperatura ambiente), latte, zucchero e un addensante (farina, fecola di patate o amido di mais) ai quali è possibile aggiungere aromi, cioccolato, caffè e frutta secca. Le principali sono la crema pasticcera e quella inglese. La prima, addizionata con altri ingredienti, dà vita a numerose varianti golose.

CREMA PASTICCERA

Alla base di numerose ricette, la crema pasticcera è probabilmente la più conosciuta e utilizzata. Viene preparata con soli tuorli d'uovo, mentre la farina può essere sostituita o integrata con fecola di patate o amido di mais (maizena) per renderla più setosa e fine al palato.

CREMA INGLESE

Variante liquida della crema pasticcera, quella inglese non contiene farina. È delicatissima e necessita di estrema cura durante la cottura: superati gli 84-85°C, infatti, il tuorlo rassoda e la crema impazzisce. Grazie alla Modalità Addensare di Bimby® TM6, che mantiene controllata e costante la temperatura, realizzarla sarà davvero semplice.

Consigli

- Per non montare eccessivamente la panna ed evitare che si trasformi in burro, controllare dal foro del coperchio il punto di montatura. Fare attenzione al cambiamento di rumore che indica il cambiamento di consistenza della panna.
- Il tempo di lavorazione della panna dipende dalla temperatura e dal contenuto di grasso. Infatti, la panna fresca deve essere molto fredda (4-6°C) e anche il boccale deve essere il più freddo possibile. Inoltre, una panna montata più soda si ottiene utilizzando una panna fresca con elevato contenuto di grasso (min. 30% di grassi).

CREMA DIPLOMATICA (O CHANTILLY ALL'ITALIANA)

Nella pasticceria italiana con questo nome si indica un composto a base di crema pasticcera alla quale viene incorporata della panna montata. L'originale crema chantilly francese invece, è composta di sola panna montata addizionata con zucchero a velo e aromatizzata alla vaniglia.

CREMA CHIBOUST

La chiboust è una crema pasticcera con l'aggiunta di meringa che può essere utilizzata nella farcitura di torte, bignè e millefoglie.

CREMA MOUSSELINE

È una crema pasticcera montata con il burro. Affinché i due composti si amalgamino alla perfezione, è necessario che entrambi siano a temperatura ambiente.

Per saperne di più

Caramello

Zucchero fuso ad alte temperature, il caramello è una preparazione di base usatissima in pasticceria per ingolosire e decorare ogni tipo di dolce. Tutti i tipi di zucchero caramellano: semolato bianco, integrale e perfino miele o fruttosio. Di norma, però, viene utilizzato quello semolato perché è il più semplice da lavorare e il risultato è una salsa di un bel colore ambrato. Con gli zuccheri poco raffinati, invece, le sfumature sono decisamente più scure.

SALSA AL CARAMELLO

Questa salsa si ottiene dall'unione di panna fresca al caramello liquido, ma ci sono diverse varianti che aggiungono altri ingredienti, come burro, liquori o aromi. Conosciuta anche come salsa mou, è il topping perfetto per una coppa di gelato o per una merenda a base di frutta fresca.

CARAMELLE TOFFEE

Morbide, solide e molto dolci: le caramelle toffee sono un classico della pasticceria a base di caramello e vengono dal Regno Unito. Si ottengono cuocendo lo zucchero con burro e latte (o panna) e sono di colore brunastro. Esistono numerose versioni, in aggiunta a quelle classiche, addizionate per lo più con frutta secca e cioccolato. In Italia sono conosciute come caramelle mou.

Consigli

COME PULIRE IL BOCCALE?
Dopo aver preparato il caramello, pulire il tuo Bimby® TM6 può sembrare un'impresa! In realtà è semplicissimo: versa nel boccale 1000 g di acqua e qualche goccia di aceto, aziona la Modalità Pulizia e lo zucchero cristallizzato si scioglierà nuovamente.

ATTENZIONE: le ricette presenti in questo Booklet che prevedono la realizzazione del Caramello sono eseguibili esclusivamente in Modalità Guidata. Cercale su Cookidoo® e preparale per i tuoi ospiti più golosi.

CARAMELLO SALATO

Il caramello salato conquista il palato per il piacevole contrasto di sapore tra dolce e salato: il connubio è a dir poco incantevole sul gelato, sui biscotti e sulla panna cotta.

CARAMELLO LIQUIDO

Il caramello liquido è una salsa molto comoda in pasticceria perché, essendo realizzata con zucchero addizionato ad acqua, non si indurisce. Può quindi essere conservata in vasetti di vetro e utilizzata al bisogno.

CARAMELLO SOLIDO

Alla base di tutti i tipi di croccante alla frutta secca, il caramello classico è saccarosio giunto al suo punto di fusione, grazie alle alte temperature a cui viene cotto. Poiché si solidifica, è perfetto anche per le decorazioni dei dolci, come i bignè della Saint Honoré o per caramellare la frutta.

GLOSSARIO

Preparazioni e ingredienti

CHEESCAKE

Uno dei dolci più tipici della cultura anglosassone, la cheesecake è composta da una base di biscotti sbriciolati e amalgamati al burro, una soffice crema di formaggio spalmabile e farciture diverse, alla frutta, al cioccolato o al caramello. Si può preparare a freddo, senza cottura, oppure si può cuocere in forno. La versione che ti proponiamo è cotta e la mousse di formaggio è sostituita da una crema catalana.

CHIFFON CAKE

Classico ciambellone americano, il suo nome deriva dalla leggerezza e sofficità che la contraddistinguono. Per prepararla si utilizzano olio vegetale al posto del burro e acqua al posto del latte. La grande morbidezza è dovuta all'aggiunta del cremor tartaro agli albumi montati a neve e al particolare stampo in cui viene cotta. Quest'ultimo, circolare con un tubo centrale rimovibile, non viene imburrato. Il dolce va fatto raffreddare a testa in giù per mantenere intatta la sofficità.

CURD

Il curd è un dessert cremoso di origine anglosassone di veloce preparazione e in cui non viene utilizzato il latte. I suoi ingredienti sono zucchero, uova, burro e prevalentemente succo di limone. Tradizionalmente viene preparato al gusto di limone, ma nel tempo sono nate numerose varianti, come quelle ai lamponi, al mango e all'arancia. Il composto è perfetto da assaporare da solo, servito in vasetti monoporzione o per farcire crostate e tartellette in alternativa alla confettura.

CREMOR TARTARO

Il cremor tartaro è un agente lievitante naturale utilizzato in pasticceria in alternativa al lievito per conferire morbidezza ai dolci senza appesantirli. È costituito dal sale dell'acido tartarico, a cui viene generalmente aggiunto bicarbonato di sodio. Si attiva a contatto con l'acqua. È un ottimo sostituto anche per chi presenta intolleranze alimentari ai lieviti.

Tecniche e metodi di cottura

ADDENSARE

Questa operazione consiste nel dare maggiore densità e a concentrare i sapori di preparazioni liquide o cremose come salse, creme e sughi. Con la Modalità Addensare di Bimby® TM6, si può addensare un composto cuocendolo a temperatura costante e controllata esattamente per il tempo necessario a renderlo cremoso.

SABBIARE

Si tratta di una tecnica di impasto che consiste nel lavorare gli ingredienti in modo da ottenere un composto non omogeneo ma a "briciole" o sabbioso.

COTTURA A BAGNO MARIA

È un metodo di cottura che prevede l'uso di un recipiente più grande riempito di acqua calda o bollente in cui immergere contenitori più piccoli. Può avvenire sui fornelli o in forno con l'utilizzo di una teglia. Questo tipo di cottura è delicata e graduale, non altera gusto e consistenza ed è ideale per dolci al cucchiaio come il crème caramel e budini delicati.

Utensili

SPATOLA DA PASTICCERIA

Strumento prevalentemente in silicone dotato di una lama e flessibile, la spatola da pasticceria permette di amalgamare gli ingredienti più delicati, come albumi e panna. È utile per preparare ganache, mousse e creme.

CANNELLO

Il cannello è dotato di fiamma regolabile per riscaldare diversi tipi di superfici e si presta a svariati usi: da fiammeggiare i dolci a gratinare preparazioni salate. Il corpo è realizzato in alluminio e contiene gas propano, grazie al quale produce la fiamma. È molto utile in pasticceria per caramellare lo zucchero sulla superficie di creme, come la crème brûlée e quella catalana.

TASCA DA PASTICCERIA

La tasca da pasticceria (o sac à poche) è uno strumento costituito da una sacchetto di forma conica in tela, silicone o plastica alla cui estremità si attacca una bocchetta di forme diverse. È usata nella decorazione di dolci, per modellare impasti densi o semidensi come creme o panna, ma può anche essere impiegata nelle preparazioni salate.

DESIDERIAMO RINGRAZIARE TUTTI COLORO
CHE HANNO CONTRIBUITO ALLA REALIZZAZIONE
E AL SUCCESSO DI QUESTO PROGETTO.
UN GRAZIE DA PARTE DI TUTTI NOI.

STAMPA

Direttore del Progetto

Dott.ssa Alessandra Cattaneo,
Direttore Marketing Vorwerk Italia s.a.s.
Divisione Bimby®

Responsabile Editoriale

Dott.ssa Stefania Corrado

Hanno collaborato alla realizzazione di questo volume:

I membri del Team Comunicazione
ed Editoria Vorwerk Italia s.a.s.

Realizzazione Editoriale e Progetto Grafico

Edizioni 2.0 s.r.l. - Liscate (MI), Italia

Realizzazione fotografica

Edizioni 2.0 s.r.l. - Liscate (MI), Italia

Stampa

Mohn Media, Germania

Edizione

Prima Edizione

Rev. 1.0 Maggio 2020

Editore

Vorwerk Italia s.a.s. di Vorwerk Management s.r.l.

Via Ludovico di Breme, 33

20156 Milano

www.bimby.it